Les Droits de l'homme expliqués aux enfants de 7 à 77 ans

Du même auteur

Noirs de France
Calmann-Lévy, 2007

Rama Yade

Les Droits de l'homme expliqués aux enfants de 7 à 77 ans

Éditions du Seuil

ISBN 978-2-02-098829-2

www.editionsduseuil.fr

– *Dis, c'est toi qui n'es pas allée en Chine avec le Président ?*

– Oui, jeune homme.

– *Pourquoi il ne t'a pas emmenée ?*

– Tu sais, la question n'est pas d'en être ou de ne pas en être, mais ce qu'on y fait… ou pas.

– *Tu aurais fait quoi si tu y avais été ?*

– Je crois que les sujets de conversation n'auraient pas manqué. Les droits de l'homme par exemple !

– *Lesquels ?*

– Hmmm… Par où commencer ? Prenons la situation des prisonniers politiques : des journalistes, des avocats, des opposants ne peuvent pas dire ce qu'ils veulent, notamment critiquer les autorités, sans risquer la prison. Ensuite, les Tibétains : j'ai la conviction que nous avons le devoir de soutenir leur droit à une identité spirituelle et religieuse. Ils ont été nombreux à manifester à la veille des Jeux olympiques de Pékin. Beaucoup ont été arrêtés. Il y a même eu des morts.

– Tu aurais dit tout ça si tu y avais été ?

– Idéalement, oui, même si je pense que le temps m'aurait manqué... J'aurais, en priorité, plaidé pour la libération de Hu Jia, ce blogueur qui a été condamné à trois années et demie de prison pour avoir lancé que « la Chine veut les droits de l'homme, pas les JO », ainsi que pour celle de l'avocat aveugle, Chen Guangcheng, condamné lui à quatre ans pour avoir dénoncé des avortements et des stérilisations forcés. J'avais déjà écrit aux autorités chinoises à leur sujet. Mais je sais que cela n'aurait pas été facile d'en parler à Pékin.

– Pourquoi ?

– Parce qu'il est difficile de parler des choses qui fâchent avec les dirigeants d'un pays. J'ai eu l'occasion de le faire par la suite avec l'ambassadeur chinois en France que j'avais invité à venir me voir au Quai d'Orsay. Bon, il m'a expliqué qu'« à propos du sujet dont je m'occupe », c'est-à-dire les droits de l'homme, la Chine avait fait des progrès.

– Alors, tu as laissé tomber ?

– Dans ces conditions-là, il faut insister. Je me suis donc permis de revenir au « sujet dont je m'occupe ». Dans les détails.

– Le Président t'aurait autorisée à le faire là-bas en Chine ?

– Comme nous nous faisons confiance, je pense que oui.

– Publiquement ?

– J'aurais aimé, ne serait-ce que pour pouvoir dire que le sujet a été abordé. Mais quand on voyage avec le Président, lui seul a le droit de parler publiquement. C'est une vieille tradition qui ne date pas d'aujourd'hui et qui ne concerne pas que moi, mais tous les autres ministres qui l'accompagnent. Dans un voyage présidentiel, le président est l'unique porte-parole de la France. Du coup, j'aurais sans doute été en mesure d'évoquer la question des droits de l'homme dans des entretiens non publics. C'est une règle : il faut la respecter mais je conçois qu'elle soit difficile à expliquer.

– Pourquoi ?

– Parce que certaines personnes disent que j'ai un ministère de la parole. Que mon rôle consiste surtout à dénoncer. Et si je ne le fais pas, ils pensent que je ne fais pas mon travail ou qu'on m'interdit de parler.

– Le Président t'a déjà interdit de parler ?

– Non.

– Alors, c'est quoi le problème ?

– Les dirigeants des autres pays n'aiment pas qu'on dise ce qui ne va pas chez eux.

Alors, ils ne nous montrent que les choses qui vont bien. Quand nous visitons un pays étranger, nous sommes très bien reçus : c'est une immense fête. Les gens sortent dans les rues pour nous applaudir. Ils ont des drapeaux français dans les mains. Ils dansent, ils rient. Il y a de la musique dans les palais et, le soir, des repas somptueux sont servis, même quand une partie de la population a faim. Ils veulent montrer aux Français qu'ils sont contents de les accueillir. Surtout les régimes autoritaires, ils savent très bien recevoir. Les démocraties, soumises à des contrôles de toutes sortes de la part de leurs populations, sont plus regardantes à la dépense.

– *C'est de l'hospitalité !*

– Il doit y avoir de ça.

– *Ou c'est comme ceux qui font semblant d'être gentils parce qu'ils veulent quelque chose en échange ?*

– En quelque sorte. Mieux vous êtes accueillis, plus, après ça, il est difficile de critiquer. Ils vous flattent, donnent l'impression que vous êtes une personne importante venant d'un pays important qu'ils aiment. Donc, nous, nous pouvons nous sentir obligés d'être corrects avec eux. Bon, c'est vrai qu'on ne va pas dans un pays pour insulter ses dirigeants ; sinon on n'y va pas. Alors, au milieu de toutes ces festivités, il n'est pas évident de leur dire que, quand même, chez eux, ils torturent les opposants ou enferment les journalistes qui ne sont pas d'accord avec eux. Dans ces moments-là, il faut savoir garder un peu de recul. En tout cas, j'essaie de le faire, même si j'ai toujours l'impression de… comment dire ?… casser l'ambiance.

– *Ce que tu fais ne leur plaît pas ?*

– Il y a eu des ministres à la tête de régimes où les libertés ne progressent pas qui m'ont jeté un regard noir dans ces moments-là, parce que je leur ai dit que je savais que, chez eux, on ne respectait pas les droits de l'homme, et que ce n'était pas une bonne manière d'opérer. Quelquefois, avant même que je ne fasse ou dise quoi que ce soit, je ressens une certaine hostilité à mon égard, comme quand on oublie, par exemple, de préciser que je suis secrétaire d'État aux Droits de l'homme. Il faut croire que le simple fait de prononcer ces mots-là pose déjà un problème.

– *Tu te sens à part ?*

– Souvent. En particulier quand nous sommes dans ce type de pays. Une fois, pour protester contre les mauvaises manières à l'égard de la France, je n'avais pas voulu recevoir une association des droits de l'homme, proche d'un pouvoir pas très démocratique. L'ambassadeur de ce pays évitait de me serrer la main. J'ai quelquefois l'impression d'avoir une maladie contagieuse ou d'être une pestiférée qu'il faut tenir à distance ! Mais, cette maladie-là, je l'assume !

– *Ils ne veulent pas connaître la vérité ?*

– Oh, ils la connaissent, la vérité ! Mais ils préfèrent que cela ne se sache pas et que leurs victimes n'aient pas de soutien extérieur. Ils estiment que ce serait dangereux pour la stabilité de leur régime. Il y a des gouvernements qui pensent que plus les gens ont de droits, moins eux en ont. J'ai plusieurs fois voulu me rendre en Birmanie, un pays du sud-est de l'Asie où c'est l'armée qui détient le pouvoir au détriment de la Ligue nationale pour la démocratie, le parti d'une femme admirable et prix Nobel de la paix en 1991, Aung San Suu Kyi, qui avait pourtant gagné les élections un an auparavant. Depuis, cette femme vit en résidence surveillée. Bien évidemment, avant de me rendre dans ce pays, j'ai demandé à la rencontrer. Le pouvoir a refusé.

– *Ta présence aurait changé quelque chose ?*

– Elle aurait pu me parler d'elle, de sa santé, de la situation politique, de ses intentions. Et comme cela fait des années qu'on ne l'a pas réellement entendue, j'aurais, à mon retour, témoigné de tout cela. Il aurait même été possible que je contribue à renforcer le dialogue entre elle et les autorités birmanes. Mais étant dans l'impossibilité de la voir, j'ai préféré ne pas me rendre en Birmanie pour ne pas cautionner leur attitude.

– *Il y en a quand même qui acceptent ?*

– Ne te fais pas d'illusions ! Ils commencent tous par refuser. En disant qu'ils sont souverains.

– *Souverains ?*

– Oui, que nous n'avons pas à nous mêler de ce qu'ils appellent leurs affaires intérieures. Par exemple, les Chinois n'acceptent pas que nous portions un jugement sur la crise au Tibet, notamment en recevant officiellement le Dalaï Lama, affirmant que cela ne nous plairait pas s'ils se mêlaient de la situation en Corse.

– *Ce n'est pas faux…*

– La Corse n'est pas le Tibet : je connais des réfugiés tibétains, mais je n'ai encore jamais vu de réfugiés corses !

– *Ce sont les grands pays qui sont aussi durs ?*

– Ils le sont tous, peu ou prou. Pendant des siècles, ce sont principalement des Empires qui, en soumettant le reste du monde, dominaient la planète. Maintenant, la plupart des pays sont devenus souverains. Parmi les deux cents pays de la planète, les deux tiers ont à peine soixante ans d'existence. Ils veulent se protéger, défendre leurs frontières. Ils sont jaloux de leur souveraineté.

– *Comment tu t'en sors ?*

– Eh bien, j'insiste !

– *Et ça marche ?*

– Ça dépend. Quelquefois, ils vont protester discrètement auprès de l'Élysée. Je dois alors expliquer le sens de mon initiative. Après, il faut rediscuter avec les autorités de ces pays, faire des compromis sur les modalités de ma visite. Ces discussions peuvent durer des semaines, comme lorsque j'ai demandé à rencontrer en Tunisie les membres de la Ligue tunisienne des droits de l'homme (LTDH), une association en conflit avec le régime tunisien. Il a fallu que j'explique pourquoi je voulais les voir, ce que j'allais leur dire, quels membres j'allais rencontrer, dans quels lieux, etc. Bref, il fallait que je montre patte blanche ! J'ai fini par avoir un rendez-vous avec l'association, tout en lui demandant de ne pas l'annoncer publiquement.

– *Pourquoi ?*

– Pour éviter que les pressions, qui n'auraient pas manqué de se manifester avant le rendez-vous, n'empêchent au final la rencontre d'avoir lieu !

– *Elles jouent le jeu, ces associations ?*

– La plupart du temps, oui. Quelquefois, ça tourne au gag… Par exemple, pour respecter mon conseil de confidentialité, la LTDH dont je viens de te parler ne s'était pas contentée de taire notre rencontre, mais avait carrément déclaré à la presse que je n'avais jamais pris contact avec elle. Ce qui était évidemment faux. Et la presse avait crié au scandale ! Sans savoir... Je ne savais plus si je devais rire de la situation ou... en pleurer !

– Si tu fais des choses désagréables pour le pouvoir, qu'est-ce qui se passe ?

– Le pays peut commencer par faire le sourd, trouver des excuses aux atteintes aux droits de l'homme, ou contre-attaquer en nous accusant d'inexactitude et de partialité.

– Ils peuvent menacer ?

– Ce n'est pas toujours explicite. Tu sais, avant même qu'on dise quelque chose, ils préviennent que cela va mal se passer si on le fait. Parfois, ils n'ont même pas besoin de prévenir : nous sommes censés comprendre tout seuls. Plus rarement, certains peuvent nous menacer, clairement.

– Ah, on nous a déjà menacés ?

– Oui, l'ambassadeur de Chine en France.

– Menacés de quoi ?

– De « conséquences-graves-pour-les-relations-franco-chinoises ». Tout ça parce que le président de la République avait évoqué l'idée de recevoir le Dalaï Lama, le chef des Tibétains dont je t'ai parlé tout à l'heure. Ça a fait toute une histoire ! Chaque fois qu'on dit qu'on va recevoir le Dalaï Lama, le porte-parole du ministère des Affaires étrangères chinois fait un communiqué.

– *Pour dire quoi ?*

– D'être prudent. Que le Dalaï Lama et sa « clique »...

– *On peut obéir à ça ?*

– La France ne reçoit d'ordre de personne : ça s'appelle l'indépendance nationale. Mais il y en a toujours pour nous y inciter, au nom de la *Realpolitik*.

– *La Réal... quoi ? La* Realpolitik *?*

– Oui, c'est un mot allemand, inventé par Bismarck, celui qui a créé le premier Empire allemand en 1871. La *Realpolitik*, c'est une manière cynique pour un pays de défendre ses intérêts avant toute chose. C'est une sorte de réalisme : on ne s'embarrasse pas d'éthique ou de morale quand on n'en a pas les moyens ou si cela peut gêner l'intérêt national. Bref, on fait ami-ami avec un pays même si on n'approuve pas ses actions, si cela peut aider à être plus fort. On appelle cela aussi la raison d'État. Les origines peuvent en être recherchées chez Nicolas Machiavel qui, dans son ouvrage *Le Prince*, publié en 1532, établit que le seul but d'un prince doit être la recherche du pouvoir, indépendamment des questions religieuses et morales.

– *Tu es d'accord avec ça ?*

– Moi, j'ai la conviction profonde qu'un pays n'est respecté que lorsqu'il dit ce qu'il pense, publiquement ou en privé. Il faut certes toujours partir des réalités, « les choses étant ce qu'elles sont », comme le disait le général de Gaulle, mais un pays, surtout un grand pays comme la France, ne doit pas donner l'impression d'hésiter sur ses convictions par peur de perdre un marché ou de fâcher un État. Être ferme sur les principes et ouvert au dialogue : pour moi, c'est l'équilibre idéal à tenir. Autrement, on est perçu comme faible… Et la situation empire : on y perd sur tous les tableaux, les contrats commerciaux comme les droits de l'homme.

– *Si toi qui t'occupes des droits de l'homme, tu ne vas pas en Chine pour leur parler des droits de l'homme, qui va le faire ?*

– J'irai certainement un jour. D'ailleurs, l'ambassadeur chinois m'a invitée. En attendant, c'est le Président lui-même qui en parle puisque lui y était.

– *Et il l'a fait ?*

– Oui, bien sûr. Il l'a fait et il l'a dit.

– *Pourquoi les gens disent-ils qu'il ne l'a pas fait ?*

– Parce qu'ils considèrent que ce qui est dit en tête à tête avec le président chinois, à partir du moment où ce n'est pas dit publiquement, n'existe pas.

– On ne l'aurait pas critiqué s'il en avait parlé devant tout le monde. Et ça aurait été plus simple aussi…

– Plus simple pour qui ? On aurait sans doute montré que nous assumons de défendre publiquement nos convictions. Mais si on regarde les choses de plus près, on se serait plus fait plaisir qu'autre chose. Je ne suis pas sûre que cela aurait servi aux prisonniers politiques chinois.

– Ils auraient au moins vu que le président français pense à eux…

– À moi de te poser une question. Qu'est-ce qu'il vaut mieux : simplement penser à eux ou les sortir de prison ? Si elle veut être efficace, la diplomatie doit quelquefois en passer par une certaine confidentialité, dans un premier temps au moins. Et confidentialité ne signifie pas silence. Lorsque le président syrien est venu à Paris, je lui ai fait remettre une liste de prisonniers politiques à libérer. Quelques jours après, l'un d'entre eux l'a été. De même, lors d'un déplacement en Tunisie, j'avais suggéré à notre président de plaider pour un avocat emprisonné, libéré aussi quelque temps après. Mais entre-temps tout le monde a critiqué notre prétendu silence. Pourtant, si cela n'avait pas marché, j'aurais été de ceux ou celles qui auraient plaidé pour un changement de stratégie. Certains auraient voulu que j'agresse les autorités tunisiennes à peine le pied posé sur leur sol. Ils ne savent pas que la passion des droits de l'homme n'empêche pas un minimum de méthode.

– Les gens ont donc arrêté de critiquer le Président ?

– Tu penses ! Mais c'est l'ambassade de Tunisie qui, cette fois, a fait savoir que le président français n'était pas à l'origine de la libération de l'avocat. C'est dire à quel point les autorités d'un pays admettent mal qu'un autre pays les ait amenés à changer d'attitude sur les droits de l'homme ! Elles veulent donner à penser que tout changement ne peut résulter que de leur consentement, et certainement pas d'une pression extérieure. Malgré tout, cette stratégie d'action dans la confidentialité a marché.

– Je t'ai vue un jour à la télévision. Tu avais l'air très fâchée contre un monsieur aux cheveux longs qui portait des lunettes de soleil.

– Hmmm… le président libyen.

– Oui, Khadafi. Il avait installé sa tente à l'Élysée, chez le Président…

– Oui, c'est une tradition de son pays.

– Tu disais que ce monsieur venait chez nous s'essuyer les pieds du sang de ses forfaits et que la France n'était pas un paillasson.

– Oui, c'était le 10 décembre 2007.

– Là, tu ne disais pas que les choses devaient rester confidentielles !

– C'est le moins qu'on puisse dire.

– Pourquoi une fois tu ne parles pas et une autre tu parles, et même très fort ?

– Parce que les situations ne sont pas toujours identiques, et qu'il faut les analyser, chacune dans ses spécificités, avant de réagir.

– Mais en quoi les prisonniers libyens sont-ils différents des prisonniers chinois ? C'est toujours des prisonniers, non ?

– Tu as raison. Mais je t'ai dit tout à l'heure qu'avant de critiquer, je laisse d'abord une chance au dialogue. C'est ce que j'ai fait au sujet de la Libye. Je te rappelle que j'étais allée là-bas quelques mois auparavant. Le président libyen venait de libérer des infirmières bulgares et un médecin palestinien, emprisonnés dans son pays pendant huit ans. Donc, j'y suis allée. Il avait l'air de vouloir qu'on l'apprécie. Il nous a offert du thé et des gâteaux sous sa tente, dans le désert. Il ne parlait pas beaucoup. Caché derrière ses lunettes noires, il nous a montré un bâtiment qui avait été bombardé en 1986 par les Américains et devant lequel il avait fait ériger la sculpture d'un poing fermé qui signifiait la résistance de son pays à l'impérialisme. Tout cela était impressionnant. Quelques minutes après cette visite, nous avons été présentés. Il s'est détendu et s'est mis à me raconter des blagues. Il riait, étonné que je sois ministre en étant aussi jeune. Bref, je lui ai même serré la main.

– *C'est bizarre ! Tu t'occupes des droits de l'homme et tu serres la main de ces personnes ?*

– Tu sais, je me suis fait la réflexion, lorsque j'ai pris mes fonctions. J'étais très réservée à l'idée de les rencontrer. J'ai mis en application ce principe dès le début avec le président d'un pays africain, qui n'était pas irréprochable en matière de droits de l'homme.

– *Qu'est-ce qu'il avait fait ?*

– Oh, il était seulement soupçonné d'être impliqué dans l'assassinat d'opposants politiques quelques années auparavant.

– *Pourquoi un homme comme lui voulait-il justement te voir toi, alors que tu t'occupes des droits de l'homme ?*

– J'étais aussi un peu étonnée. Il avait déjà rencontré le Président et le ministre des Affaires étrangères. Je ne voyais pas pourquoi il avait aussi besoin de me voir, moi.

– *Alors ?*

– On m'a dit qu'il était curieux de me voir…

Mais ce qui me gênait le plus, c'était que, pour ma première action politique, j'allais devoir rencontrer un personnage très contesté. J'ai pensé que ce n'était pas une bonne idée pour ma crédibilité. Alors, j'ai préféré m'abstenir.

– Et comment il a réagi ?

–Je pense qu'il s'est plaint puisqu'un conseiller du Président m'a alors appelée pour me demander si c'était bien vrai que j'avais refusé de recevoir ce monsieur au motif qu'il avait du sang sur les mains. J'ai bredouillé quelque chose, puis il m'a dit qu'il fallait que je rencontre ce chef d'État africain parce que j'étais aussi secrétaire d'État aux Affaires étrangères et que je devais rencontrer les amis de la France. J'ai cherché à gagner du temps et j'ai fini par dire à ce conseiller, que j'aime bien, que je n'avais qu'une raison d'aller à la rencontre de cette personnalité, c'était de lui faire plaisir.

– Au président africain ?

– Non ! Au conseiller ! Bref, je lui ai suggéré un compromis : voir ce président plus tard, après avoir rencontré les organisations non gouvernementales, ces associations qui défendent les droits de l'homme et que je considérais comme mes amies. Il m'a finalement comprise.

– Mais depuis, tu as vu d'autres personnages dont on dit qu'ils ne respectent pas tout à fait les droits de l'homme ?

– J'ai même dit par la suite que je voulais bien rencontrer ce chef d'État africain.

– Tu as changé d'avis ?

– Oui. Parce qu'à force de vouloir éviter ceux qui sont suspectés de ne pas respecter les droits de l'homme, je risquais de ne plus voir grand monde. À part les… Suédois ! Et encore, certains pourraient leur chercher des poux… aux Suédois ! Plus sérieusement, j'ai réalisé très rapidement que ceux qui devaient être mes interlocuteurs naturels, ceux que je devais rencontrer en priorité, c'étaient justement ces personnes. Parce que ce sont elles qu'il faut convaincre, faire évoluer.

– Donc tu as serré la main à Khadafi pour le remercier d'avoir libéré les infirmières ?

– Pas vraiment. En fait, il nous avait expliqué qu'il avait changé. Qu'il n'allait plus recourir au terrorisme. Bon, moi, je ne demandais qu'à y croire. Mais…

– Il avait menti ?

– Juste avant sa visite à Paris, il avait dit que le recours au terrorisme était légitime pour les faibles.

– Et là, ça ne t'a pas plu ?

– Non, parce qu'il ne donnait pas l'impression de vouloir vraiment renoncer au terrorisme, alors que, comme je te le disais, je ne demandais qu'à y croire. Au fond, il faut savoir tourner la page. Parler à tout le monde. Savoir pardonner. En tout cas, c'est ce qu'on m'avait dit.

– *Comme quand on s'excuse ? On est pardonné ?*

– En fait, il ne s'est pas excusé. Quoi qu'il en soit, il n'y avait pas que cela. La date de sa visite à Paris coïncidait avec celle des infirmières bulgares dans notre pays et le premier jour de sa visite avec la Journée des droits de l'homme. Tu sais, le 10 décembre de chaque année, on reçoit en France les victimes des dictatures, des terroristes, des régimes autoritaires. On leur décerne des prix. Et la France s'engage à les protéger. Au moment où j'étais censée leur donner ces prix, le président libyen arrivait à Paris. Fâcheux symbole, aussi ! Tout ça était difficile à supporter pour moi qui suis secrétaire d'État aux Droits de l'homme !

– *Le Président t'a fait des reproches, après ça ?*

– Quand il a lu mes critiques, il m'a demandé de venir le voir immédiatement à l'Élysée. J'ai demandé : « Tout de suite ? » Il a dit : « Ouiiiii ! ! » Alors, j'y suis allée. Quand la voiture m'a déposée dans la cour de l'Élysée, le chauffeur, qui ne parlait pourtant jamais, s'est tourné vers moi et m'a dit : « Bonne chance ! » Des tas de gardes m'ont conduite au premier étage, comme si j'étais en état d'arrestation. On m'a fait attendre dans une salle, près du bureau du Président.

J'ai croisé quelques-uns de ses conseillers qui passaient par là. Ils me regardaient bizarrement, de biais.

– *Tu avais peur ?*

– Tu te souviens de ce que tu ressens quand tu vas chez le dentiste ? Quand tu patientes dans la salle d'attente ?

– *Oui...*

– Je ressentais la même chose.

– *Il t'a engueulée alors ?*

– Il voulait que je lui explique. Comprendre. Il m'a demandé pourquoi je ne lui avais pas parlé de mes tourments. Puis il a ajouté que je devais lui faire confiance.

– *Pourquoi tu n'as pas quitté le gouvernement si tu n'étais pas d'accord ?*

– Parce que j'avais le sentiment de faire mon travail. Quand on m'a nommée, on m'a demandé de m'occuper des droits de l'homme. Je faisais ce qu'on m'avait demandé.

– *Mais ça t'a causé beaucoup de soucis. Tu regrettes ?*

– Oh, on m'a critiquée. Des parlementaires ont appelé à ma démission. Un seul en réalité, mais il n'arrêtait pas de le répéter ! D'autres, les femmes surtout, de la majorité comme de l'opposition, ont été compréhensives, disant que je n'avais fait que mon travail, et que si on ne voulait pas d'ennuis, il ne fallait pas créer un poste de secrétaire d'État aux Droits de l'homme. Bref, j'ai vraiment passé une rude journée. Mon seul soulagement, c'est quand le Président m'a dit au milieu de tout ça qu'il me faisait confiance.

– On dirait que tu veux sauver le monde. Je pense qu'à toi toute seule tu ne pourras pas !

– Tu as hélas raison. Mais si je peux aider un peu…

– Tu dois donc défendre le bien contre le mal ?

– Oh ! Ce serait trop simple. En politique, tout n'est pas bien ou mal, tout noir ou tout blanc. Et la défense des droits de l'homme, ce n'est pas de la morale, ni des bons sentiments. Raymond Aron, un grand penseur politique français, disait qu'en politique, le choix n'est pas entre le bien et le mal. Mais entre le préférable et le détestable.

– Et donner des droits à tout le monde ?

– À un maximum d'hommes. J'essaie de faire de mon mieux.

– Seulement à des hommes ?

– Pourquoi tu dis ça ?

– Pourquoi on dit les droits de l'homme ? Il n'y a que les hommes qui ont des droits ?

– Bien sûr que non… Quand on parle des droits de l'homme aujourd'hui, il ne s'agit évidemment pas du masculin ou du mâle, mais de l'être humain en général. Les droits de l'homme sont aussi les droits des femmes. Je dirais même que les droits de l'homme sont d'abord les droits des femmes parce qu'elles sont les premières victimes des violations des droits. Je les considère comme ma priorité. Mais tu sais, ta question est intéressante : des féministes se la sont posée, en demandant qu'on dise « droits humains ». D'ailleurs, en anglais ou en espagnol, on dit les « droits humains », « *human rights* » ou « *derechos humanos* ». Dans certains pays francophones aussi, on parle de « droits humains », et en Tunisie...

– *Et en France, pourquoi on ne dit pas « droits humains » ?*

– Oh, tu sais, les Français ne font jamais rien comme tout le monde. Quand le Président m'a appelée pour m'annoncer que je rentrais au gouvernement, il m'a dit : « Ce sera les droits humains. » J'étais un peu surprise qu'il emploie ces mots. Alors je lui ai demandé : « Les droits humains ? C'est quoi ? » J'étais surprise parce que en France on a toujours dit les « droits de l'homme ». Dans le fond, je crois que si les Français n'utilisent pas l'expression « droits humains », c'est parce que celle-ci semble désigner non pas les droits que l'être humain possède, mais des droits pourvus d'une certaine qualité, ce qui n'a guère de sens, sauf à vouloir les distinguer des « droits inhumains » ou des « droits des animaux ». Et on dit les « droits de l'Homme », avec un grand H.

– On pourrait dire les « droits des personnes » ?

– Ou de la personne. Cette expression n'a pas non plus été retenue parce qu'elle a été employée par l'Église catholique pour souligner que la personne tient ses droits de Dieu. Or, pour les Français, cette conception n'est pas acceptable dans un pays où l'Église n'a pas de rôle officiel. L'expression « droits de l'Homme » a l'avantage de renvoyer à une tradition, à des idéaux, à des combats politiques, ceux qui ont culminé en 1789 avec la Révolution française, et c'est cette dimension-là, de l'ordre de la mémoire et de l'histoire, qu'on risquerait de laisser échapper en renonçant à utiliser cette expression.

– Et moi aussi j'ai des droits ?

– Oui, bien sûr. Pour que tu sois demain un homme avec des droits, il faut bien qu'en tant qu'enfant, tu en aies aussi. Après ceux des femmes, tes droits sont, pour cette raison, ma deuxième priorité. Les droits de l'homme, ce sont les droits de l'enfant, de la femme, de l'étranger, du citoyen, des fonctionnaires, des contribuables, des homosexuels, des journalistes, etc. On les trouve tous dans la Déclaration universelle des droits de l'homme parce que toutes ces catégories de personnes font partie de la grande famille humaine.

– *Quels sont mes droits à moi ?*

– Tous les droits ne te sont pas applicables comme à un adulte. En tant que mineur, tes droits, on les décline dans un texte spécifique de cinquante-quatre articles appelé la Convention des droits de l'enfant, qui date de 1989. Grâce à cette convention, tu as le droit à la vie, à un nom, à une nationalité, à ne pas être séparé de tes parents contre ton gré, sauf pour ton bien-être. Tu as aussi droit à ta liberté d'expression. Tu dois être protégé contre toutes les formes de violences physiques et mentales, les mauvais traitements, y compris les violences sexuelles ou l'enrôlement dans une armée. Tu as également droit à une éducation et personne ne peut t'obliger à travailler.

– *Normalement, tous les enfants vont à l'école et aucun ne doit être maltraité. Pourquoi fallait-il une convention pour faire comprendre ça ?*

– Parce que si tes droits te semblent évidents, ils ne le sont pas pour tout le monde. Dans la plupart des pays, des enfants continuent de souffrir. Deux cent dix-huit millions d'enfants travaillent dans le monde. Deux cent cinquante mille enfants, qu'on appelle des « enfants-soldats », sont utilisés par les adultes pour faire la guerre en Birmanie, en Colombie, au Tchad, au Sri Lanka ou au Sierra Leone, comme Ismael Beah, que j'ai fait venir à Paris l'année dernière pour qu'il témoigne. Tout cela pour te dire que, normalement, il ne devrait pas y avoir de droits. Chacun devrait comprendre que les êtres humains ne doivent pas être opprimés, torturés ou tués. Il ne s'agit pas vraiment de droits ; c'est naturel. C'est pour ça qu'on les appelle les droits naturels. Cette idée remonte à l'Antiquité.

– Cela veut dire que les droits de l'homme étaient plus respectés avant qu'aujourd'hui ?

– Certainement pas. On était plutôt dans le domaine de la réflexion sur les droits. À l'époque, seuls quelques personnages, restés célèbres dans l'histoire, ont osé demander l'application de ces droits naturels : Hammourabi, fondateur de Babylone, il y a trente-six siècles, voulait « faire éclater la justice pour empêcher le puissant de faire tort au faible ». Moïse invoquait devant le pharaon le droit des peuples à disposer d'eux-mêmes, c'est-à-dire à la liberté. Antigone devant Créon celui à la désobéissance. Spartacus devant les esclaves celui de résister à l'oppression.

– Ce sont eux qui ont inventé les droits de l'homme ?

– Ils ont essayé de les faire appliquer, mais, à l'époque, l'homme, les peuples, les esclaves, les femmes n'étaient pas libres. Ces personnages sont devenus des héros dans l'histoire pour avoir été seuls à revendiquer des droits face à des systèmes qui les leur refusaient.

– *Alors, qui les a inventés ?*

– Les choses ont été très progressives. En réalité, des philosophes de l'Antiquité gréco-latine, comme Platon, Aristote ou Cicéron, ont commencé à dire que la condition d'être humain était liée au fait que les êtres humains ont une raison qui permet de réfléchir avant d'agir, à l'inverse des animaux, qui agissent par instinct. Ensuite, les religions monothéistes, celles qui ne croient qu'en un seul Dieu, se sont mises à considérer comme plus humains que les autres les hommes qui ont la foi.

– *Pourtant, à l'époque, il y avait des esclaves ?*

– C'est bien vrai et l'existence de l'esclavage était une des limites de leur analyse.

– *On était encore loin des droits de l'homme d'aujourd'hui…*

– D'autant plus que ceux qui ne croyaient pas en Dieu estimaient que les croyants, en étant obligés d'obéir à des tas de règles, n'étaient pas vraiment libres, ne serait-ce que vis-à-vis de Dieu.

– *Alors, à quel moment a-t-on fini par considérer tous les hommes comme égaux, sans exception ?*

– On progresse un peu plus à l'époque de

la Réforme et de la Renaissance. L'invention de l'imprimerie permet à des philosophes, Luther, Calvin ou Érasme par exemple, de propager leurs idées contestataires comme jamais. Mais cette période ne dure pas : les rois reprennent la main en disant tenir leur pouvoir de Dieu, par « droit divin ». Ce n'est qu'à partir du XVIIe siècle que d'autres philosophes, non catholiques, comme Grotius ou Spinoza, reviennent à l'idée, mais en l'approfondissant, qu'on ne juge plus de l'humanité et de l'égalité des hommes par rapport à leur foi en Dieu, mais par rapport au fait qu'ils sont doués de raison.

– Il suffit pourtant d'être un être humain pour avoir des droits…

– Oui. Cela a l'air simple ! Mais il a fallu des siècles pour que quelqu'un pense seulement à le dire.

– C'était qui ?

– Les premiers furent des philosophes espagnols du XVIe siècle. À cette époque, les Espagnols venaient de découvrir l'Amérique. En 1492. Et avec elle, les dimensions du genre humain s'élargissent.

– C'était l'époque des Indiens découverts par Christophe Colomb ?

– Exactement ! Ils étaient les seuls à vivre en Amérique à ce moment-là, dans le Nouveau

Monde. Leurs « découvreurs » ne voulaient pas les considérer comme des êtres humains, mais comme des sauvages…

– *Parce qu'ils ne croyaient pas en Dieu…*

– C'est ce qu'on disait d'eux ! Jusqu'à ce que des penseurs espagnols comme Vitoria puis Suárez, de l'École de Salamanque, rompent avec cette idée-là, en disant que les non-chrétiens sont des hommes comme les autres. L'un d'eux, Las Casas, défend, à l'occasion d'un procès resté célèbre, les droits naturels des Indiens face aux colonisateurs espagnols. Ce n'est plus la foi qui fait de nous des êtres humains, mais l'appartenance à une même dignité humaine. Les droits commencent là.

– *Droits de faire ce qu'on veut ?*

– Oui, mais dans certaines limites. Autrement, c'est le désordre, comme l'ont expliqué, au XVIIe siècle, les philosophes du contrat social comme Hobbes ou Locke. Même s'ils n'en ont pas la même vision, ils sont d'accord pour dire que l'homme a besoin d'un contrat pour vivre en société. Pour Hobbes, « l'homme est un loup pour l'homme » et, lorsque les hommes vivent libres dans la nature, ils font ce qu'ils veulent de leurs droits naturels, y compris voler et tuer, puisqu'il n'y a personne pour les arrêter. Alors, il leur faut trouver un moyen de s'entendre : d'un commun accord, ils trouvent un chef et lui demandent d'organiser la paix. En échange, les hommes vont renoncer à une partie de leurs droits naturels qui leur permettaient de faire tout, mais aussi n'importe quoi. Locke, de son côté, insiste sur l'importance de la loi pour que les droits naturels des hommes soient garantis. Malgré leurs différences, ces deux philosophes jettent les bases de ce qu'on appelle le contrat social. Par la suite, au XVIIIe siècle, pendant le siècle des Lumières, des philosophes français, comme Montesquieu et Rousseau, précisent ce fameux contrat social. Leurs réflexions inspireront la Révolution française et la Déclaration des droits de l'homme et du citoyen de 1789.

– *Et c'est pour cela qu'on dit que la France est le pays des droits de l'homme ?*

– Oui, parce qu'elle a inventé la Déclaration des droits de l'homme et du citoyen.

– *Elle a été la première à le faire ?*

– En réalité, non. D'autres l'ont fait avant la France.

– *Qui ?*

– Les Anglais. En 1215, le roi Jean sans Terre accepte de promulguer la *Magna Carta*, un document dans lequel il garantit des droits à ses sujets. Quatre siècles plus tard, en 1628, ces mêmes Anglais adoptent la *Pétition des droits* : le roi Charles Ier renforce les pouvoirs du Parlement et protège la liberté des personnes contre les arrestations arbitraires. Enfin, le *Bill of Rights* (c'est le nom en anglais de la *Pétition des droits*) est adopté à l'issue de la Révolution anglaise de 1688 au moment où le Parlement offre la couronne à Guillaume d'Orange, sous réserve qu'il respecte les droits du peuple. Les Américains feront à peu près la même chose, avec la Déclaration d'indépendance des États-Unis, rédigée le 4 juillet 1776, qui proclame la liberté de religion, la liberté d'expression et de la presse, le droit à un procès équitable ou encore le droit à la sécurité.

– Pourquoi dit-on alors que la France est le pays des droits de l'homme ?

– Parce que les Français vont plus loin : les droits qu'ils proclament le 26 août 1789 ne concernent pas seulement leurs citoyens, mais tous les êtres humains, y compris les esclaves. La Déclaration des droits de l'homme et du citoyen commence ainsi : « Les hommes naissent et demeurent libres et égaux en droits. »

– Qu'est-ce que ça veut dire exactement ?

– Ce principe a été une révolution, un bouleversement. Il entraîne la formulation d'autres principes comme le droit à la propriété, le droit à la sûreté ou encore le droit à la résistance à l'oppression. Il y a même le droit de désobéir à une loi injuste. Par la suite, dès 1791, on a amélioré ces droits : la procédure pénale protège davantage les droits de la défense ; les ordres, les privilèges et le caractère héréditaire des offices (c'est-à-dire des métiers) sont supprimés. Le droit de la famille (divorce, mariage, filiation) est plus favorable aux femmes. Les minorités, comme les protestants, obtiennent l'égalité d'accès aux emplois publics. Les Juifs, eux, peuvent devenir français. L'esclavage des Noirs est aussi aboli.

– *Tout ça en aussi peu de temps ?*

– Oh, que non ! Mais l'essentiel a été fait en 1789. Après, il y a eu de graves déceptions comme le rétablissement de l'esclavage par Napoléon, ou le retour sur les acquis des femmes. La liberté d'expression, que les révolutionnaires considéraient pourtant comme « un des droits les plus précieux de l'homme », a elle aussi eu du mal à s'enraciner. Pour la liberté de la presse, la liberté de rassemblement et le droit de pétition, ce fut un peu plus facile. Mais, en pratique, pas grand-chose avant la loi de 1881. Il faudra attendre un siècle pour que la liberté syndicale soit effective, en 1884, et que la liberté d'association soit reconnue en 1901. Le processus, spectaculaire au début, s'est ensuite ralenti. Et je ne te parle pas des incroyables trahisons comme sous le régime de Vichy à partir de 1940.

– Mais on a quand même continué à dire que la France est le pays des droits de l'homme ?

– 1789 est encore dans toutes les têtes. Avant d'être ministre, je ne savais pas à quel point ce moment révolutionnaire avait marqué le monde. C'est au nom de la Déclaration de 1789 que bien des peuples ont décidé de se libérer de l'esclavage ou de la colonisation. Comme Haïti où la fin de l'esclavage fut obtenue en 1793 au cri de «Vivre libre ou mourir ! », le même que celui des révolutionnaires français ! Je ne visite pas un pays, je ne rencontre pas une association étrangère représentant des victimes, des prisonniers politiques, des défenseurs des droits de l'homme, sans qu'ils commencent par me rappeler que la France est le pays des droits de l'homme. C'est impressionnant. Les Français, sans doute trop familiers de ces mots, ne le savent peut-être pas assez, mais pour bien des peuples du monde, les mots « liberté, égalité, fraternité » ont un vrai sens !

– Est-ce qu'aujourd'hui la France, pays des droits de l'homme, respecte plus les droits de l'homme que les autres pays ?

– À cause de ce passé, elle le devrait. En général, et en comparaison avec d'autres pays, c'est vrai qu'elle respecte plutôt bien ces droits. Mais aucun pays n'est parfait. Les prisons, la situation de certains sans-papiers, le nombre de logements insalubres : même en France, on pourrait faire encore mieux en matière de droits de l'homme.

– *Donc, tu t'occupes aussi des droits de l'homme en France ?*

– Le Président et le Premier ministre ne m'ont pas nommée pour cela. Je suis au ministère des Affaires étrangères. Alors je travaille avec les pays étrangers.

– *Tu ne voudrais pas le faire avec la France ?*

– Techniquement, même si je le voulais, je n'en aurais pas les moyens.

– *Mais personne ne t'interdit d'en parler !*

– Tu as raison.

– *Alors ?*

– Je l'ai déjà fait.

– *Quand ?*

– En septembre 2007. À propos des étrangers sans logis. Ils avaient occupé un immeuble à Aubervilliers sans autorisation. Le maire de la ville avait porté plainte et un tribunal avait demandé à la police de les évacuer. Des gens voulaient que je les aide. Ils insistaient beaucoup, en disant que les droits de l'homme devaient aussi être respectés en France, notamment ceux des étrangers.

– *Les étrangers n'ont pas de droits ?*

– Si. Mais ils en ont moins que les Français.

– *Même dans le pays des droits de l'homme ? !*

– Écoute, ils ont des droits civils, économiques et sociaux. Ils peuvent travailler, créer une entreprise, aller et venir, avoir une sécurité sociale. Mais ils ne peuvent pas être fonctionnaires. Ils ne peuvent pas voter non plus, en vertu d'un principe de neutralité à l'égard de l'État qui les accueille.

– Pourtant, il y a des pays où les étrangers peuvent voter !

– Oui, par exemple aux Pays-Bas, en Belgique, au Luxembourg, au Danemark, en Irlande, en Suède, mais aux élections locales seulement.

– Et pourquoi pas dans le pays des droits de l'homme ?

– J'aimerais bien qu'on soit exemplaires et qu'on le fasse. Le Président aussi d'ailleurs.

– Pourquoi il ne le fait pas, puisqu'il est Président ?

– Il y a des gens dans mon parti qui ne le veulent pas. Ils disent que si les étrangers veulent voter, il faut qu'ils deviennent français. Et comme le Président souhaite que ça se fasse, il attend qu'ils soient prêts plutôt que de présenter une loi qui ne sera pas votée.

– Tu as pourtant dit que les droits étaient universels. Qu'ils s'appliquaient à tous les êtres humains !

– J'ai dit ça ?

– Oui, tu as dit qu'avec la Révolution française,

ces droits ont été appliqués à tous, sans distinction, même aux étrangers. Et que c'était un progrès !

– En fait, c'est un peu plus compliqué que ça… Les étrangers ont obtenu des droits, mais pas celui de voter.

– *Pourquoi ?*

– À cause de la souveraineté.

– *Encore elle !*

– Oui, même des États comme la France veulent la protéger.

– *En refusant des droits aux étrangers ?*

– Disons qu'ils les limitent. Des progrès ont été faits, tu sais : avant, les mariages mixtes étaient interdits. Les étrangers ne pouvaient pas non plus acheter des terrains. Mais c'est vrai qu'aujourd'hui, pour bénéficier de la totalité des droits, il faut être français. La Révolution française, en transférant la souveraineté du roi à la nation, a donné à chaque citoyen, aux nationaux, une parcelle de cette souveraineté. Mais, paradoxalement, ce transfert de pouvoir a renforcé la séparation entre le citoyen et l'étranger, en réservant aux citoyens les droits les plus importants.

– *Pas égal !*

– C'est vrai.

– *Illégal ?*

– Non.

– *Hélas ?*

– Dans l'absolu, oui. Qui ne rêve d'un monde sans frontières ? Mais la réalité est telle qu'il y a des limites au rêve !

– Les étrangers qui sont venus te voir voulaient quoi exactement ?

– Que je les aide à avoir un toit. C'est le droit au logement. Mais c'était difficile à faire.

– Parce qu'ils n'étaient pas français ?

– C'est possible, étant donné que les étrangers ont moins de droits.

– Peut-être aussi qu'ils étaient pauvres ?

– En fait, non. Ils avaient tous des papiers, un travail, un salaire.

– Pourquoi proclamer le droit au logement, si, dans la réalité, on dit qu'on ne peut pas donner un logement à tout le monde ?

– Petit, tu comprendras que, dans la vie, il est plus facile de proclamer des droits que de les appliquer ! Il est difficile de construire des logements pour tout le monde, de mieux répartir les logements sociaux dans les communes, de demander à des familles de quitter leur logement à loyer modéré quand leurs ressources leur permettraient de vivre ailleurs. C'est, en réalité, une question très complexe…

– Alors les étrangers qui sont venus te voir ont décidé d'habiter dans un immeuble qui était libre ?

– Oui.

– C'est normal, non, puisqu'ils n'avaient pas

de maison ? Tu as dit que, dans la Déclaration des droits de l'homme de 1789, les gens devaient être protégés.

– Oui, mais l'immeuble qu'ils ont occupé ne leur appartenait pas.

– Et la liberté, ce n'est pas un droit naturel, comme tu as dit ? Qu'est-ce qu'ils devaient faire ces gens ? Laisser leurs enfants vivre dans la rue, alors qu'il commençait à faire froid ?

– Tu as raison. Mais la Déclaration des droits de 1789 dit aussi deux autres choses. Premièrement, l'article 4 précise que la liberté consiste à pouvoir faire tout ce qui ne nuit pas à autrui. Et l'immeuble que ces sans-logis avaient occupé appartenait à quelqu'un d'autre. C'est comme si un copain à toi, qui n'a pas de maison, décidait de venir s'installer chez toi sans prévenir. Tu serais content ?

– Oui, je le dépannerais.

– C'est gentil, ça. Mais tout le monde ne pense pas comme toi.

– Les gens sont égoïstes !

– Mais il y a une loi qui protège… même les égoïstes. Et leur droit de propriété, un droit dont l'article 17 de la Déclaration des droits de l'homme présise qu'il est « inviolable et sacré ».

– Tu m'as dit aussi que, grâce à la Déclaration des droits de l'homme, on peut résister à la loi…

– Oui, à une loi injuste.

– *Et ce n'était pas le cas, là ?*

– Les associations qui soutenaient les sans-logis disaient que oui. Le propriétaire de l'immeuble disait que non.

– *Et toi, tu as pensé quoi ?*

– Il fallait que je me fasse une idée par moi-même. En allant voir…

– *Tu pouvais leur donner un logement ?*

– Concrètement, non. Le ministère des Affaires étrangères n'a pas de logements à donner.

– *Pourquoi n'as-tu pas demandé au maire ?*

– Je l'ai fait. Mais il a refusé. Il a dit qu'il fallait respecter la loi.

– *Mais tu y es allée quand même ?*

– Oui. Un matin. Après qu'ils ont été expulsés du bâtiment.

– *Qu'est-ce que tu as vu ?*

– Il y avait plusieurs familles dehors, en fait surtout des femmes et des enfants, voire des bébés. Ils pleuraient. Les hommes étaient en colère. Certains avaient été arrêtés.

– *Pourquoi ?*

– Parce qu'ils avaient voulu empêcher les policiers d'expulser leurs familles.

– *Tu as réussi à trouver une solution ?*

– Oui. Après, les hommes ont été libérés et on m'a aidée à trouver une solution de relogement pour eux. Le préfet a été coopératif. Mais c'était très compliqué.

– *Pourquoi ?*

– Parce que je ne suis pas ministre du Logement.

– *Et il y a un ministre du Logement en France ?*

– Oui. Difficile pour moi de me mêler de ses affaires. D'empiéter sur son territoire !

– *Sa souveraineté ministérielle !*

– En quelque sorte. J'ai essayé de l'expliquer au Premier ministre.

– *Le Premier ministre ? Qu'est-ce qu'il a à voir là-dedans ?*

– Il m'a convoquée.

– *Encore ?*

– Oui.

– *Il t'a critiquée lui aussi ?*

– Il voulait des explications. Et m'a dit que je n'avais pas le droit de contester une décision de justice.

– *Et le Président aussi ?*

– Il a été compréhensif. Il m'a fait rire en disant que j'aurais dû le prévenir et… qu'il serait venu avec moi !

– *Pourquoi tu ne l'as pas prévenu ?*

– Parce que j'ai pensé qu'il ne m'aurait pas laissée y aller.

– *Tu as vraiment un travail difficile.*

– Je ne te le fais pas dire… Quoi qu'il en soit, tu comprends maintenant pourquoi je ne suis pas habilitée à m'occuper des droits de l'homme en France. D'ailleurs, depuis l'épisode d'Aubervilliers, plus personne n'est venu me parler des droits de l'homme en France…

– *Qui le fait alors ?*

– Les autres ministres, chacun dans son domaine.

– *Tu veux dire que le ministre du Logement est aussi un ministre des Droits de l'homme pour le logement ?*

– Oui, c'est exactement ça. Le ministre de l'Immigration, Brice Hortefeux, est aussi un ministre des Droits de l'homme. Comme le ministre de l'Intérieur, de la Justice, du Travail…

– *Ah, Brice Hortefeux ?*

– Même lui.

– *Pourtant…*

– Pourtant quoi ?

– *Il expulse… Dans ma classe, Koffi a dit que ses parents avaient reçu un papier de la préfecture disant que sa famille devait rentrer au Togo. Koffi était triste parce qu'on était en plein milieu de l'année et qu'il ne connaissait pas le Togo où on voulait le renvoyer… Il y a eu une manifestation des parents d'élèves devant l'école, pendant des semaines.*

– Il n'est pas facile d'être un étranger. Il n'est jamais sûr de rester là où il s'est installé puisque l'État peut l'expulser.

– N'importe quand ? Comme ça ?

– Non, pas quand il est en situation régulière. Mais c'est vrai qu'il y a des lois sur l'entrée et le séjour qui peuvent restreindre la liberté de circulation ou d'installation des étrangers dans un pays. Pour plein de raisons : pas assez de logements, pas assez d'emplois ou tout simplement parce que les gens peuvent avoir peur de ce qui ne leur ressemble pas. C'est vieux comme le monde.

– Moi, je n'avais pas peur de Koffi. C'était mon copain.

– Encore une fois, tout le monde n'est pas comme toi.

– Tu es d'accord avec ça, toi ? L'expulsion des étrangers ?

– Je trouve cela tragique, sur le plan humain. Même si je comprends les exigences de la loi, j'ai toujours les mêmes réflexes d'incompréhension.

– Pourtant, tu es ministre dans ce gouvernement qui expulse ! Et ministre des Droits de l'homme, en plus !

– Mon cœur, mes convictions, mon attachement aux droits de l'homme me font ressentir des sentiments de désarroi et de tristesse. Je pense aux vies, aux destins individuels qui sont empêchés. Je pense aux familles séparées. Chaque fois, je me dis que cela aurait pu m'arriver.

– *Comme Koffi ?*

– Oui. J'avais 18 ans. Je passais une épreuve de bac blanc. Le surveillant m'a demandé, comme à tous mes camarades, ma carte d'identité. J'ai donné un papier tout chiffonné et jauni à force de le tendre depuis plusieurs années quand on me le demandait. Le surveillant a jeté un regard sceptique sur le document. Devant toute la classe, il a dit, très fort, que ce papier n'était plus valable depuis trois semaines. Que je ne pouvais pas passer le bac avec ça. Que je devais quitter la salle.

– *Pourquoi tu n'avais pas une carte d'identité comme tous les autres ?*

– Parce que j'étais étrangère. Je suis arrivée en France quand j'étais un peu moins âgée que toi. Avec le temps, je n'avais pas prêté attention au fait que les documents qui me permettaient de rester sur le territoire français étaient… comment dire ?… périmés. Je me suis levée de ma chaise, sous le regard de toute la classe. J'avais un peu honte. Je comprendrais plus tard qu'il n'y avait pas de quoi. Mais, sur le coup, j'avais réalisé que je n'étais pas comme mes camarades.

– *Tu étais expulsée ?*

– Non, mais j'ai failli. Le directeur de l'école et les professeurs m'ont aidée. Comme ton copain Koffi. Pour avoir des papiers. Je suis allée à la préfecture. J'ai fait la queue plusieurs semaines tôt le matin. Jusqu'à ce que j'aie un entretien. Un monsieur m'a posé plein de questions compliquées que je ne comprenais pas. Auxquelles il fallait apporter des réponses simples.

– *Tu avais peur ?*

– Peur de ne pas donner les réponses qu'il voulait, oui. En fait, je ne comprenais pas ce que ce monsieur me voulait. Je ne faisais pas de mal. J'étais première de ma classe. J'avais tous mes amis ici. Ma mère était triste. Et je crois que sa tristesse me faisait plus mal que l'idée d'être expulsée.

– *Tu es là maintenant. Ça s'est arrangé ?*

– Oui. Et j'ai passé mon bac, le vrai ! Mais je n'ai jamais oublié. C'est peut-être pour ça que je suis allée à Aubervilliers. Il fallait le faire pour montrer à ces gens qu'au fond j'étais comme eux. Que mon engagement politique, la carrière et tout ça ne m'avaient pas enlevé l'essentiel, le goût de l'autre. Et l'autre, c'est toi, c'est moi, c'est nous…

– *Les gens n'ont pas dit ça…*

– Parce que je ne leur ai pas expliqué. Et, de toute façon, j'ai pensé que personne ne comprendrait.

– *Moi je comprends !*

– Parce que tu viens de l'enfance, … comme moi.

– *Alors, tu comprends les étrangers qu'on expulse?*

– Souvent.

– *Et le ministre de l'Immigration qui expulse, tu le comprends?*

– Bien sûr! Il s'appelle Brice Hortefeux. C'est tombé sur lui. Mais tu sais, cela aurait pu être quelqu'un d'autre. Tous les gouvernements ont expulsé et ils continueront à le faire. C'est un Premier ministre socialiste, Michel Rocard, qui a dit: « La France ne peut accueillir toute la misère du monde. » Même les pays pauvres le font. Parce qu'il y a des raisons objectives à cela. Brice Hortefeux ne fait que son travail. Appliquer la loi. Une loi que les Français ont voulue. Dans un esprit d'équilibre. Ils savent très bien qu'il y a parmi les étrangers, comme partout, des fraudeurs, des criminels, qui doivent être punis ou expulsés s'ils sont en situation irrégulière. Mais qu'il y a aussi des gens qui ne cherchent pas à faire de mal, seulement à travailler et à nourrir leur famille.

– *En attendant, on fait quoi avec ces gens qu'on expulse?*

– Un travail de titan nous attend. Dans les pays d'origine où il faut en finir avec l'exploitation et la corruption. Il faut se donner les moyens de remédier au sous-développement qui fait partir tant de gens alors qu'ils n'en ont pas forcément envie.

– *Et en France ?*

– Un travail de fourmi. Pour qu'on se comprenne mieux. Que des étrangers ou des Français d'origine étrangère démontrent qu'ils sont moins un problème qu'une solution pour la France.

– *Tout cela est bien beau, mais je te parle des gens qu'Hortefeux expulse !*

– Mais Brice Hortefeux, comme tous les autres ministres, moi comprise, ne peut pas faire n'importe quoi. Aucun ministre, aucune administration ne peut impunément violer les droits de l'homme. Et le travail de Brice Hortefeux n'est pas facile. Entre l'accueil et l'expulsion, il recherche l'équilibre dont je t'ai parlé. Qui sait ce que je ferais à sa place ? En réalité, tous les ministres, le Président lui-même, nous tous, nous avons la même boussole.

– *La Déclaration des droits de l'homme ?*

– Oui. La Constitution, la loi, celle qui protège. Il y a aussi des juges qui veillent en toute indépendance, grâce à la séparation des pouvoirs, celle de Montesquieu, tu te souviens de lui ? Ils peuvent intervenir quand la loi, la Constitution ou la Déclaration des droits de l'homme ne sont pas respectées. Il y a aussi un médiateur de la République, une Commission nationale consultative des droits de l'homme, un défenseur des droits des enfants. Grâce à la liberté de la presse, les journalistes sont aussi libres de dénoncer les violations. Tout comme les associations qui, grâce à la liberté d'association et de manifestation, ont la liberté d'expression, et donc celle de critiquer. Bref, il y a beaucoup d'organisations en France qui veillent sur le respect des droits de l'homme.

– *Et pas de ministre spécial ?*

– Il y en a déjà eu un.

– *Qui ?*

– Un monsieur qui s'appelait Claude Malhuret. C'était en 1986. J'ai voulu le rencontrer quand j'ai pris mes fonctions pour qu'il me raconte son expérience.

– *Qu'est-ce qu'il t'a dit ?*

– Que c'était l'enfer. Surtout qu'à son époque, les jeunes, qui contestaient une loi universitaire, manifestaient partout dans la rue. L'un d'eux, Malek Oussekine, est mort lors d'une intervention policière. Claude Malhuret m'a dit que tout ça l'empêchait de dormir.

– *C'est pour ça que Sarkozy n'a pas voulu créer un ministre des Droits de l'homme en France ?*

– Il a déjà eu le courage de me nommer, malgré tous les problèmes que ça pose, alors qu'aucune loi ne l'y obligeait. C'est le premier à l'avoir fait pour l'international.

– *Et toi, après Aubervilliers, ça ne t'a jamais tentée de reparler des droits de l'homme en France ?*

– Oh si, plus d'une fois ! Mais je me retiens. Il paraît que je ne peux pas toujours semer le désordre.

– Sur quels sujets ?

– Les prisons, par exemple ! Mais il y a un ministre de la Justice qui fait très bien son travail.

– Et si personne ne bouge ?

– Il y a la Cour européenne des droits de l'homme.

– C'est quoi ?

– C'est un tribunal créé en 1959, qui se trouve à Strasbourg, et dont les juges sont chargés de veiller au respect des droits de l'homme en Europe.

– Ah, l'Union européenne ?

– Non. Pas exactement. Cette Cour n'a pas été créée par l'Union européenne, mais par le Conseil de l'Europe.

– C'est différent de l'Union européenne ?

– Oui. L'Union européenne n'avait pas pour but exprès à l'origine de s'occuper des droits des gens, mais de développer le commerce entre les États européens. C'est le Conseil de l'Europe, regroupant quarante-sept États, qui a eu cette vocation. Et la Cour a été créée au sein de cette institution pour veiller au respect des droits répertoriés dans la Convention européenne des droits de l'homme, notamment au respect de la vie familiale des étrangers, à l'interdiction de la torture et des traitements dégradants, à la liberté d'expression.

– Je peux aller devant cette Cour si mes droits ne sont pas respectés ?

– Oui, mais il faut que tu sois d'abord passé devant les tribunaux français. Il faut aussi que le droit qui a été violé figure dans la Convention européenne des droits de l'homme. La Cour rend régulièrement des rapports sur le respect de ces droits par les pays membres.

– Cette Cour nous a déjà critiqués ?

– Oui.

– Beaucoup ?

– Oui, mais moins qu'on ne le dit et moins que par le passé. S'il est vrai qu'en 2003 la France a été condamnée soixante-seize fois et se classait au 2e rang européen des pays mis en cause, ex-aequo avec la Turquie et juste derrière l'Italie, elle a été condamnée quarante et une fois en 2007, se classant au 10e rang.

– Le pays des droits de l'homme !

– Oui, même le pays des droits de l'homme. En 2005, par exemple, la France a été condamnée pour ne pas avoir respecté l'article 4 de la Convention sur l'esclavage en ne punissant pas suffisamment un cas d'esclavage domestique sur une jeune Togolaise, Siwa-Akofa Siliadin, dans les années 1990. Cette année, la France a été aussi condamnée pour avoir refusé de donner à une femme homosexuelle l'autorisation d'adopter un enfant. Mais on est souvent condamné sur des questions de procédure, comme le respect de la présomption d'innocence ; le contrôle de la détention par un juge ; le respect du caractère public de certaines audiences.

– Et qu'est-ce qui se passe si on est condamné ? On verse de l'argent ?

– Oui, comme la Russie en 2005. Après avoir été jugée pour avoir violé les droits de l'homme en Tchétchénie, elle a été condamnée à payer dix-sept mille euros à six civils Tchétchènes qui avaient saisi la Cour. Ces trois dernières années, tous pays confondus, les condamnations de la Cour ont porté sur un montant de vingt-cinq millions d'euros. Mais le but de la Cour est moins de punir que de faire respecter les droits des gens, quitte à faire évoluer les lois dans les pays. Notre pays a ainsi été obligé de renforcer les droits des homosexuels, la liberté d'expression, la liberté de circulation, et de changer certaines lois comme celle sur les écoutes téléphoniques. Les droits ne doivent pas rester des paroles en l'air. Ils doivent être appliqués.

– À ce rythme-là, tous les droits devraient être respectés maintenant ?

– Il y a eu, c'est vrai, beaucoup de progrès ! Mais certaines décisions de la Cour mettent des années à être prises. La femme homosexuelle qui voulait adopter a attendu dix ans avant que la France ne soit condamnée. Et puis, ce système ne fonctionne que pour les pays européens.

– *Comment font les autres ?*

– Pour les autres, il y a des Cours régionales, comme la Cour africaine des droits de l'homme ou la Cour interaméricaine des droits de l'homme.

– *Mais si des gens ne saisissent pas les Cours, les droits restent violés ?*

– Oui, c'est très possible, vu les obstacles qui existent. Mais il y a autre chose...

– *Quoi ?*

– L'ONU ! C'est l'Organisation des Nations unies. Elle a été créée après la Seconde Guerre mondiale. Elle réunit les pays du monde entier qui veulent régler collectivement leurs problèmes comme quand il y a une guerre entre les États.

– *Les problèmes des droits de l'homme aussi ?*

– Oui.

– *Parce qu'ils sont universels ?*

– Tu as tout compris ! Tu te souviens donc que, pour les révolutionnaires français de 1789, les droits de l'homme devaient être universels.

À l'époque, ce n'était qu'un souhait. Maintenant, l'universalité des droits est devenue une réalité. Non pas qu'ils soient respectés partout, mais les citoyens de tous les pays les revendiquent pour eux-mêmes. Cela a été long parce que de nombreux États refusaient que leurs citoyens soient protégés par le droit international et donc puissent s'opposer à eux. D'ailleurs, les premières initiatives de la communauté internationale ne concernaient pas les droits de l'homme en général, mais de certains hommes, comme les victimes des guerres. En 1864, poussés par Henri Dunant, le fondateur de la Croix-Rouge, les États ont signé un texte, la Convention de Genève, qui protège les blessés en temps de guerre. Après la Première Guerre mondiale, la Société des Nations, l'ancêtre de l'ONU, a eu pour mission de veiller sur les minorités nationales des pays (les Allemands de Haute-Silésie en Pologne, les Hongrois de Transylvanie en Roumanie, les Turcs de Thrace en Grèce, etc.) et sur les réfugiés (comme les Russes arméniens).

– Mais ces droits ne concernaient pas tous les êtres humains, seulement certains !

– Il fallait bien commencer quelque part, tant les réticences des États étaient grandes !

– Et, en plus, cela n'a pas empêché que les Juifs soient tués par les nazis ? Et les guerres coloniales !

– C'était bien le problème, en effet, de toutes ces organisations ! Le génocide juif a été un choc. Les nazis ont pu tuer pendant des années, sans que le droit international y ait pu quoi que ce soit. Après la guerre, en 1945, on a décidé de réagir en créant l'Organisation des Nations unies et en plaçant les droits de l'homme au cœur de son action. Elle a adopté une Déclaration le 10 décembre 1948 qui se veut universelle en matière de droits de l'homme. On en célèbre le 60e anniversaire cette année.

– Et c'est là que les pays se sont mis à respecter davantage les droits de l'homme ?

– Non. Ce n'était qu'une déclaration. Elle n'était pas obligatoire.

– Pourquoi ils n'ont pas fait une déclaration obligatoire ?

– Des gens te diront que le texte avait une force morale. Qu'il s'agissait d'un symbole. Mais la vérité, c'est que les États ne voulaient pas se lier les mains. Certains ne voulaient tout simplement pas que ces droits soient respectés dans leur pays, car cela réduisait leur pouvoir.

– En fait, ils ont accepté sans être d'accord ?

– Oui.

– Tous ?

– Sauf six États du camp soviétique, l'Arabie Saoudite et l'Afrique du Sud.

– *Pourquoi ?*

– L'Union soviétique et ses alliés, engagés dans une guerre froide avec les États-Unis, se méfiaient du camp occidental. L'Afrique du Sud vivait sous un régime d'apartheid (cela veut dire qu'il y avait une complète discrimination de la minorité blanche à l'encontre de la population noire). Elle n'avait pas envie de tendre le bâton avec lequel se faire battre. Quant à l'Arabie Saoudite, elle s'était abstenue pour des raisons religieuses.

– *Et aujourd'hui, il y a plus ou moins d'États qui respectent la Déclaration universelle des droits de l'homme ?*

– Plus. Et elle a été complétée depuis par une dizaine de conventions dont deux très importantes adoptées en 1966, le Pacte des droits civils et politiques et le Pacte des droits économiques, sociaux et culturels. Les autres conventions visent des atteintes spécifiques aux droits de l'homme, comme la nouvelle Convention de Genève de 1949 sur la protection des personnes en temps de guerre, la Convention contre la torture de 1984, la Convention sur l'élimination de toutes les formes de discriminations à l'égard des femmes de 1979 ou encore, celle qui te concerne, sur les droits de l'enfant en 1989. Des tas de droits sont protégés grâce à ces conventions.

– Avec toutes ces règles, les droits de l'homme devraient maintenant être respectés partout ?

– Hélas, non. Regarde toutes ces guerres, ces génocides, ces conflits armés. Regarde la Bosnie, le Darfour, la Géorgie, le Rwanda, le Cambodge, le Sri Lanka. Non, ces textes sont loin d'avoir tout réglé. L'inégalité, l'iniquité, l'arbitraire, la misère, la violence, la souffrance continuent. Ce qui a fait dire à Albert Camus que « cinquante mille morts ne sont que fumée dans l'histoire ». Qui garde encore en mémoire les deux millions et demi de morts dont près d'un million d'enfants, au Nigeria, lors du conflit du Biafra entre 1967 et 1970 ?

– Pourtant il y a beaucoup de droits ?

– Je ne saurais t'en dire le nombre, tant il y en a ! Il y a les droits civiques (droit de vote, liberté d'expression, liberté de la presse, liberté syndicale, liberté associative...), les droits économiques et sociaux (droits à l'emploi, à l'instruction, au logement, à la grève...). Il y a les droits du corps (droits à la vie, droits à l'intégrité, à la circulation...). On trouve de tout maintenant dans les droits de l'homme. On parle même de plusieurs générations de droits de l'homme.

– Il y a quelque chose que je ne comprends pas. Les gens ont tous ces droits. Mais à quoi ça sert de

dire que les gens ont le droit d'avoir un logement alors qu'il y a plein de SDF ? C'est comme la liberté de la presse : à quoi ça sert si les gens ne savent pas lire ? Ou le droit au travail alors qu'il y a plein de chômeurs ?

– Tu as raison. C'est la tragédie des droits. Mais si on ne faisait rien pour mieux les faire respecter, il y aurait un sérieux risque de discrédit de ces droits. Un risque que plus personne n'y croie.

– *Moi, j'ai déjà du mal à y croire.*

– C'est que tu es marxiste !

– *Marxiste ?*

– Je plaisante ! Ce que je veux dire, c'est que le problème que tu soulèves l'avait déjà été par Karl Marx en 1843, dans un livre intitulé *La Question juive.*

– *Il y disait quoi ?*

– Qu'en 1789, on a, en fait, inventé les droits de l'homme égoïste. Un homme qui ne pense qu'à lui. Que le droit de propriété, c'est le droit de profiter de ses richesses à soi, sans se soucier des autres. Il ajoutait qu'on sait très bien que les hommes ne sont pas égaux, qu'il y a des riches et des pauvres, et que les premiers exploitent les seconds. Qu'au fond, les libertés proclamées sont celles des bourgeois. Et qu'il faut en finir en poussant les pauvres, les prolétaires, à faire la révolution, à imposer la dictature du prolétariat et à collectiviser les moyens de production.

– Je crois que je ne suis pas marxiste ! Marx, il n'exagère pas un peu ?

– Tu as raison. Mais cette révolution a bel et bien eu lieu en Russie, en 1917. Leur chef, Lénine, a appelé leur déclaration des droits : *Déclaration des droits du peuple travailleur et exploité*. C'est le communisme. Ces marxistes ont quand même eu le mérite de dire que les libertés ne suffisent pas, qu'il faut les compléter.

Du coup, on a maintenant deux catégories de droits :

Les droits de… qui ont la faveur des libéraux. Ce sont des droits politiques et civils qui servent à protéger les gens vis-à-vis du pouvoir et à préserver la vie privée, l'État n'ayant pas le droit de tout contrôler.

Les droits à… qui ont la faveur des socialistes. Pour eux, les libertés ne valent que si les hommes sont effectivement en mesure de les exercer. Ce sont les droits économiques et sociaux qui font que le droit à l'instruction doit impliquer le droit à l'école. Le droit à la santé celui d'avoir une sécurité sociale. C'est le combat mené par les révolutionnaires de 1793, les communards de 1871, les ouvriers de 1848 et jusqu'au niveau international avec la Charte européenne des droits sociaux ou le Pacte des droits économiques et sociaux dont je t'ai déjà parlé. Toute une série de textes ont complété les libertés formelles par des libertés réelles. Au fond, ces droits ne sont pas si opposés, ils se complètent !

– Mais si on dit qu'il faut aider les pauvres, c'est en prenant aux plus riches ? C'est gênant pour le droit de propriété !

– Oui, les droits sont si nombreux qu'ils peuvent quelquefois se contredire. Si on veut mieux distribuer les richesses, cela suppose d'augmenter les impôts pour les plus riches. Du coup, les gens ne pourront pas utiliser leurs revenus comme ils l'entendent. D'ailleurs, les libéraux critiquent ces empiètements sur la liberté individuelle.

– Tu les défends tous, ces droits ?

– J'aimerais bien. Sauver le monde, comme tu dis… Mais quand on est ministre, il faut faire des choix, avoir des priorités.

– Pourquoi ?

– Car gouverner, c'est choisir… Je ne voudrais pas être aussi dispersée que tous ces droits !

– Et quelles sont tes priorités ?

– Je t'ai déjà parlé de deux d'entre elles, mais en réalité j'en ai quatre : les droits des femmes, les droits des petits enfants comme toi, la liberté d'expression et la justice internationale.

– Comment tu les as choisies ? C'est le Président qui te l'a demandé ?

– Non. Quand je suis arrivée à mon ministère, j'ai reçu la plupart des associations, ONG et militants des droits de l'homme.

– Ce sont elles qui t'ont dit d'avoir ces priorités ?

– Disons que je les ai consultées, écoutées. J'ai dialogué avec elles. À partir de ces discussions, j'en suis arrivée à fixer ces quatre priorités.

– Avant d'être ministre, tu n'avais pas d'expérience des droits de l'homme ?

– À part ma sensibilité personnelle et mes convictions, non. J'avais besoin de l'aide des ONG, de leurs connaissances pour avancer. Elles font un travail difficile, mais remarquable. Elles m'aident beaucoup dans mon travail.

– Comment ?

– Avant un déplacement, elles me donnent des informations non officielles sur un pays. Elles me conseillent des correspondants locaux. Quelquefois, elles m'accompagnent. Avec elles, je me sens toujours en famille. On se comprend puisqu'on mène les mêmes combats, dans un monde où tant de gens ne veulent pas que les droits de l'homme s'appliquent. Comme lors de la journée difficile que j'ai vécue le 10 décembre 2007 : elles étaient toutes là, dans mon ministère, lorsque je remettais le prix des droits de l'homme à des militants venus du monde entier. Elles m'ont soutenue publiquement. Leur aide est précieuse !

– *Tu es toujours d'accord avec les ONG ? Avec ce qu'elles demandent ?*

– Une ONG est une organisation indépendante, libre, qui peut défendre les idées qu'elle souhaite. Il y a par exemple des ONG créées de toutes pièces par des États autoritaires ou des ONG ultra-religieuses. Donc, on n'est pas obligés d'être d'accord sur tout.

– *Même les françaises ?*

– Cela peut arriver. Récemment, une ONG française très sérieuse a attiré mon attention, au nom de la liberté d'expression, sur un écrivain afghan assigné à résidence. Une fois en Afghanistan, j'ai interrogé le ministre afghan des Affaires étrangères sur cet écrivain. Pour lui, l'assignation à résidence n'était pas motivée par sa volonté de le réduire au silence mais par le fait que l'écrivain en question s'était compromis dans une affaire qui n'avait rien à voir avec les droits de l'homme. Bon, dans ces cas-là, il faut prendre le temps de vérifier plutôt que de s'emballer. Il faut alors expliquer à l'ONG que l'affaire est plus complexe qu'elle n'y paraît.

– *Si tu as des priorités, cela veut dire qu'il y a des droits plus importants que d'autres ?*

– Non, tous les droits sont importants. Mais il y en a qu'on considère comme des « droits fondamentaux » et qui touchent directement à la vie. J'ai remarqué que les femmes et les enfants sont les premières victimes de la société, en particulier en cas de conflit. Quant à la liberté d'expression, le plus beau des droits de la Révolution française, j'y tiens beaucoup, car elle me permet de venir en aide à des gens privés de liberté.

– *Comme qui ?*

– Les journalistes, les militants des droits de l'homme, les écrivains qu'on veut faire taire, comme les Chinois dont je t'ai parlé. J'aide régulièrement le vice-président palestinien de la Fédération internationale des droits de l'homme à sortir de Gaza ou cette femme afghane, rédactrice en chef du premier journal féminin afghan, *Roz*. J'interviens, chaque fois qu'elle est de passage en France, pour convaincre le ministère de l'Intérieur de mettre des moyens de protection à la disposition d'Ayaan Hirsi Ali, une ex-députée néerlandaise condamnée à mort par des fondamentalistes religieux. J'en aide des dizaines d'autres que je me suis engagée à protéger après leur avoir remis le prix des droits de l'homme de la République française.

– *Et la justice internationale ?*

– Je t'en reparlerai. Mais, sans elle, les droits

de l'homme ne servent à rien. Avec la justice, on peut montrer que les droits de l'homme ne sont pas que des mots.

– *Et les autres droits, tu les ignores ?*

– J'essaie de privilégier mes priorités pour donner une cohérence à mon action. Mais c'est vrai que les ONG viennent me voir régulièrement pour me parler d'autres types de droits. Amnesty International m'a, par exemple, expressément interpellée sur la question du droit d'asile. Les associations d'homosexuels m'ont demandé également de les aider à défendre leurs droits.

– *Et tu le fais ?*

– J'aimerais tout faire, mais je dois choisir. Par exemple, si le droit d'asile est un droit de l'homme, c'est du ministre de l'Immigration – qui, comme je te l'ai expliqué, est aussi un ministre de l'asile – qu'il relève. À l'inverse, j'ai décidé de travailler sur les droits des homosexuels à l'étranger, puisque aucun autre ministre français n'en a la charge.

– *Pourquoi tu as voulu t'engager pour les homosexuels ?*

– Parce que j'ai trouvé aberrant que quatre-vingt-dix pays pénalisent encore l'homosexualité, et que six d'entre eux la punissent de peine de mort.

– *Ça veut dire quoi, pénaliser ?*

– Que, dans ces pays, un homosexuel ne peut l'être sans risquer d'aller en prison ou d'être exécuté. Comme en Iran où on peut les condamner à mort par pendaison. Tu n'imagines pas le nombre de fois où le ministère des Affaires étrangères a convoqué le chargé d'affaires iranien pour lui dire notre profonde indignation. Et le nombre de déclarations publiques que j'ai émises à ce sujet !

– Tu vas les aider à avoir le droit de se marier ?

– Mon but n'est pas de trancher des débats de société sur le mariage homosexuel ou l'homoparentalité. Mais de veiller à leur droit à la vie, de protéger leurs droits fondamentaux. Je voudrais bien qu'avant la fin de la présidence française de l'Union européenne, une déclaration appelant à la dépénalisation de l'homosexualité soit adoptée à l'ONU par un maximum d'États, en attendant que progressivement les législations changent.

– Il y a peut-être trop de droits ?

– Je me pose quelquefois la question. Les droits sont toujours un progrès. Ils sont en plus indivisibles et dépendants les uns des autres. Mais on est arrivés à un point où, visiblement, on ne peut pas tous les appliquer. Il y en a même dont on sait que c'est quasiment impossible.

– Tu es pessimiste maintenant ?

– Non, je reste optimiste. Mais je me demande ce que peut bien vouloir dire le droit à la paix, le droit au développement ou le droit à un environnement sain. Tous ces droits qu'on appelle la troisième génération des droits de l'homme.

– Ce sont des faux droits ?

– Faux droits. Pseudo-droits. À qui s'adressent-ils ? À l'homme ? À l'humanité entière ? Et qui doit les appliquer : un État ? La communauté internationale ? Je crois qu'il faut arrêter de vouloir faire plaisir à tout le monde, de chercher à assouvir tous les désirs, voire quelquefois les caprices. « L'incessant passage d'un désir à un autre », comme disait le philosophe anglais Hobbes au XVIIe siècle. Autrement, on risque d'avoir trop de droits impossibles à réaliser et donc de décrédibiliser l'ensemble des droits.

– Il faut donc commencer par convaincre ceux qui n'appliquent pas les droits fondamentaux ?

– Oui. Commencer, par exemple, par ceux qui ne sont toujours pas d'accord avec l'idée même de droits de l'homme.

– Comment peut-on aujourd'hui encore, après tout ce travail, critiquer les droits de l'homme ?

– Il y a des pays qui considèrent parfois que les droits de l'homme sont une idée occidentale. Pour eux, les Occidentaux prennent les droits de l'homme comme prétexte pour imposer leur vision du monde. Une forme de néo-colonialisme, en somme.

– *C'est quoi le néo-colonialisme ?*

– On parle de colonisation quand un pays, pour augmenter sa puissance, s'approprie par la force tout ou partie du territoire et de la population d'un autre pays. La France a été jusqu'au XXe siècle un grand Empire colonial dont le territoire allait jusqu'en Asie, en Afrique et même en Amérique. Maintenant que les pays anciennement colonisés sont devenus indépendants et libres, la néo-colonisation est considérée comme une manière plus subtile de continuer à les influencer.

– *Mais les droits de l'homme sont universels. Ce n'est pas une question de colonisation !*

– Certains le pensent pourtant. Ils disent que les droits de l'homme sont utiles et importants en soi, mais qu'ils sont souvent un prétexte utilisé par les grands pays.

– *Dans quel but ?*

– Renverser le régime en place et soutenir les opposants politiques supposés leur être plus favorables. On l'a dit des Américains quand ils ont renversé Saddam Hussein au motif d'installer la démocratie en Irak. On l'a aussi dit de la Grande-Bretagne au Zimbabwe parce qu'elle soutenait l'opposition de Tsvanguirai contre le président sortant Robert Mugabe. On le dit aussi de pays occidentaux soupçonnés d'avoir participé à l'élimination de leaders historiques du tiers-monde, qui demandaient la liberté pour leurs peuples et qui gênaient leurs intérêts : Lumumba au Congo, Sankara au Burkina-Faso, Ben Barka au Maroc, etc.

– Donc, les droits de l'homme ne sont pas si innocents que ça !

– Dans l'absolu, tout le monde est d'accord avec les droits de l'homme. Mais, dans les faits, ils font quelquefois l'objet d'instrumentalisation ou tout simplement d'interprétations. Certains pays pensent, par exemple, que les droits de l'homme peuvent désorganiser une société en poussant les gens à revendiquer tout le temps et à contester tout ce qui contribue à l'ordre social : la famille, le pouvoir, les religions, etc.

– On peut refuser de respecter les droits de l'homme au nom de sa culture ?

– Il y en a qui le font. Au nom de droits culturels, qu'ils estiment hérités de leur histoire et de leurs traditions. Ils font la différence entre les droits de l'homme et les droits de *leurs* hommes. Par exemple, il existe une charte arabe des droits de l'homme adoptée en 1994 par les pays musulmans, et qui se réfère, dans son Préambule, aux « principes éternels définis par le droit musulman ». Il y a aussi une Charte islamique, qui date de 2003.

– *Ce n'est pas universel, ça !*

– En effet, c'est une rupture avec l'universalisme des droits de l'homme, énoncé en 1948.

– *On a le droit de faire ça ?*

– Manifestement, oui, puisque ces textes existent. De toute façon, l'universalité des droits a été relativisée bien avant ces chartes islamiques. Par exemple, l'Acte d'Helsinki, qui a entériné en 1975 l'Organisation pour la coopération et la sécurité en Europe (OSCE), a ouvert la porte au relativisme culturel en disant que les droits sont fonction du système social qui les porte.

– *Alors, tout le monde demande ses droits ?*

– Eh oui ! Des populations ont commencé à revendiquer des droits spécifiques, au nom de leur culture, de leur tradition, de leur histoire ou de leur religion. Mais comment pouvait-il en être autrement dans un monde où la majorité des êtres humains sont bouddhistes, musulmans, hindous ou animistes, c'est-à-dire appartiennent à des courants de civilisation qui, sans nier les droits des individus, les situent dans une approche plus collective qu'individuelle ? Aujourd'hui, l'esprit de 1789 n'est plus exportable. Au fond de Maistre a gagné !

– *De Maistre ? Qui est-ce ?*

– Joseph de Maistre. C'est un écrivain qui disait en 1797, dans ses *Considérations sur la France*, que l'Homme, dont les révolutionnaires français voulaient défendre les droits, n'existe pas : « Il n'y a pas d'Homme dans le monde. J'ai vu des Français, des Italiens, des Russes, etc. Mais quant à l'homme, je déclare ne l'avoir jamais rencontré de ma vie. »

– *C'est parce que les hommes ne pensent pas de la même manière partout ?*

– Exactement ! Par exemple, qu'est-ce qu'un enfant ? Quelqu'un qui a moins de 18 ans, comme en France ? Moins de 21 ans, comme aux États-Unis ? Mais il y a des sociétés qui font travailler les enfants à 8 ans ou qui marient les filles dès qu'elles sont en âge de procréer, vers 12 ans. A-t-on la même idée au Luxembourg et au Burundi du droit à des « conditions décentes d'existence » ? Par nécessité, il a fallu adapter les droits, au détriment de l'universalisme.

– *Par nécessité ?*

– Au fond, l'universalisme se trouve aujourd'hui empêtré dans une contradiction majeure que les non-Occidentaux soulèvent régulièrement.

– *Laquelle ?*

– Ils disent que les droits de l'homme ne

peuvent pas être universels. Puisqu'ils sont nés en Occident, ils sont donc occidentaux. À partir de là, ils ne peuvent être plaqués, sans avoir été au préalable adaptés, sur des réalités africaines, orientales, musulmanes ou bouddhiques.

– *De quels droits parlent-ils ?*

– Tiens ! Prends l'homosexualité ! Je te l'ai dit : quatre-vingt-dix pays privent les homosexuels de liberté au seul motif qu'ils sont homosexuels et six leur appliquent la peine de mort. Choquée par cela, j'ai décidé, cette année, de rallier un maximum d'États autour d'un texte appelant à la dépénalisation de l'homosexualité. Une simple déclaration qui n'évoque ni l'homoparentalité ni le mariage. Juste l'application d'un droit fondamental qui est le droit à la vie ! Tu ne me croiras pas, mais ça a suffi pour que la plupart des États que j'ai approchés se soient braqués, sur le thème : « De quoi je me mêle ?! » Ils disent que « chez eux, c'est comme ça », et que tout changement perturberait trop les sociétés traditionnelles. Il y a, au minimum, un délai à respecter.

– *Délai ?*

– Oui. Le temps que les sociétés soient prêtes à accepter le changement. Les droits de l'homme ne doivent pas être imposés. Du temps est nécessaire pour leur application.

Après tout, l'Europe ou l'Amérique ont mis des siècles à les appliquer. On ne peut pas, par exemple, demander aux pays de remettre en cause le rôle traditionnel de la famille et de la religion du jour au lendemain. C'est la raison pour laquelle certains États pénalisent ceux qui sont susceptibles de les désorganiser : les féministes, les journalistes, les opposants politiques, les homosexuels, les avocats, certaines ONG.

– Les droits de l'homme seraient incompatibles avec la famille et la religion ?

– Pas en soi. Mais la plupart des militants des droits de l'homme estiment que, lorsque les institutions familiales et religieuses occupent une place trop importante dans la société, les individus sont moins libres. Ils sont sous la surveillance de leurs familles et de l'Église.

– Ce n'est pas bien d'avoir une famille ?

– Si, c'est indispensable. Mais la philosophie des droits de l'homme considère que l'individu ne doit pas passer après. Ta mère doit avoir les mêmes droits que ton père. Tu ne dois pas être maltraité par tes parents. Quelquefois même la punition peut être mal vue.

– Tu es d'accord avec eux ?

– Oui. Mais, à l'inverse d'eux, je ne crois pas qu'un enfant doive être considéré comme l'égal d'un adulte. Parce que cette égalité, si elle peut te donner les mêmes droits, t'imposerait les mêmes obligations, comme celle de travailler, ce qui n'est pas admissible. En plus, elle peut avoir des conséquences négatives : les droits, c'est bien, mais il faut savoir en faire bon usage. Ils ne t'autorisent pas à faire n'importe quoi. Enfin, tes parents ont la charge de ton éducation : ils doivent pouvoir te donner une gifle sans risquer de se retrouver au tribunal.

– La gifle n'est pas une violation de mes droits ?

– Non, si elle n'est pas systématique. Tu sais, quand j'étais petite, il y avait un martinet à la maison. Mais mes parents ne s'en sont jamais servis. C'était surtout une menace ! S'ils l'avaient fait, non pas une fois, mais systématiquement, là, oui, mes droits auraient été violés. Alors, ce n'est pas parce que tes parents sont sévères qu'ils violent tes droits. Ce sera le cas s'ils te battent régulièrement, s'ils te maltraitent, s'ils t'obligent à travailler. Mais une simple gifle, quelques interdictions, une petite punition ne sont pas une violation de tes droits. Tes parents peuvent simplement vouloir une bonne éducation pour toi. En te montrant les limites de ce que tu peux faire… Comme en t'apprenant la politesse et le respect des autres.

– Si je comprends bien, certains pays veulent éviter qu'on se mêle de ça ?

– C'est ce qu'ils disent ! Ils pensent que les enfants sont trop gâtés, qu'on ne peut plus rien leur dire sans que l'assistante sociale débarque, que les droits de l'enfant sapent l'autorité des parents et que les femmes sont incitées à se dépraver, puisqu'elles ont tous les droits, y compris celui de tromper leur mari, de divorcer autant qu'elles le veulent, voire de ne pas avoir d'enfants ou de les abandonner au nom de leur liberté de femmes. Pour eux, les droits de l'homme ne sont, dans ces conditions, pas souhaitables. Donc ils veulent s'en préserver.

– *Des droits de l'homme ou de leurs excès ?*

– Certains veulent simplement se prémunir contre les excès. D'autres en prennent prétexte pour jeter le bébé (les droits de l'homme) avec l'eau du bain (les abus liés à ces droits), et justifier ainsi certaines pratiques, par exemple celles qui confortent l'infériorité de la femme par rapport à l'homme. Considérée comme mineure, parfois avec moins de droits que son propre fils, elle doit être soumise à son mari. Quant aux filles de la famille, elles peuvent subir des mariages arrangés ou forcés, au nom des intérêts de la famille.

– *Cela veut dire que les droits de l'homme sont incompatibles avec leur culture ?*

– Non. Les droits de l'homme sont la chose la mieux partagée du monde. Toutes les cultures connaissent les droits de l'homme : il y a dans ces sociétés des gens qui se battent pour les défendre. Soutenir l'inverse, c'est penser qu'ils sont inférieurs, ce qui serait inadmissible. Simplement, les États conçoivent les droits de l'homme dans les limites de l'ordre. C'est une manière de voir qui peut avoir son côté positif, comme celui d'éviter les troubles dans les familles et dans la société. Mais, quelquefois, c'est un prétexte pour préserver la domination de certaines classes, ou certains privilèges dans la société – comme ceux des hommes par exemple –, ou encore pour empêcher ses membres d'être autonomes.

– *Comment ça ?*

– Dans certaines cultures, on peut aimer sa fille très fort. Mais on peut lui faire du mal en la mariant alors qu'elle n'en a pas encore l'âge. En avançant des raisons comme celle de protéger l'enfant du contact des autres garçons ; mais souvent, ces mariages précoces sont faits pour protéger les intérêts de la famille. Dans ce cas, l'intérêt de l'enfant est moins important que celui de la famille.

– *Et l'enfant est obligé d'accepter ?*

– La plupart du temps il n'a pas le choix, car il n'a personne pour le défendre, et il ne veut pas être rejeté par sa famille. Alors, il culpabilise et il se tait. Exceptionnellement, il peut éviter le mariage, comme cette petite fille yéménite de 10 ans, Nojoud Ali, qui a été mariée cette année à un homme trois fois plus âgé qu'elle. Elle a pu obtenir le divorce grâce à la mobilisation de personnes qui avaient été touchées par son histoire. Sans cela, il est probable qu'elle serait encore mariée à cet homme et ne rêverait pas aujourd'hui d'être avocate.

– *En France aussi, la famille peut être un obstacle aux droits de l'homme ?*

– Moins qu'avant. Mais c'est toujours possible. Par exemple, dans les familles où le poids des traditions ou des religions reste fort.

– *Qu'est-ce que la religion a à voir avec ça ?*

– Les Églises sont longtemps intervenues dans la vie intime des gens. L'Église catholique, par exemple, bénissait les mariages et condamnait les relations extra-conjugales, les naissances hors mariage ou l'homosexualité. Elle édictait des règles strictes auxquelles les gens devaient obéir, sous peine de subir la colère de Dieu. Au fond, avant la séparation de l'Église et de l'État au début du siècle en France, la morale de l'Église tenait lieu de morale publique. Aujourd'hui, les défenseurs des droits de l'homme pensent qu'elle ne devrait plus se mêler de la vie privée des gens. Que ceux-ci sont autonomes et doivent pouvoir faire leurs choix librement. Tu te souviens, je t'ai expliqué que les droits de l'homme sont nés aussi après une longue bataille contre les religions.

– *Les religions sont incompatibles avec les droits de l'homme ?*

– Deux versions s'affrontent : certains considèrent que la religion n'est pas forcément un problème à éliminer et que la foi en Dieu ne signifie pas nécessairement être soumis ou aliéné. D'autres pensent que la religion et les droits de l'homme sont incompatibles. Ils s'appuient sur le fait que, pendant longtemps, l'Église catholique a combattu la notion de droits de l'homme issue de la Révolution française. Ce combat contre les droits de l'homme sera poussé à l'extrême par le régime de Vichy avec Pétain, celui de Franco en Espagne ou de Salazar au Portugal.

– *Toi, tu penses quoi ?*

– Je pense que l'Église catholique a longtemps été tiraillée entre le respect du dogme et l'exercice des libertés.

– *Aujourd'hui encore ?*

– Moins. L'Église a été contrainte de renoncer à avoir une influence sur la vie des gens et, surtout, à l'imposer à ceux qui ne l'ont pas choisie, au nom du libre arbitre. Le pape Jean XXIII a même évoqué pour la première fois en 1963, et en termes positifs, la Déclaration universelle des droits de l'homme. Mais il y a parfois des tentatives de retour à l'ordre moral. C'est la raison pour laquelle les défenseurs français des droits de l'homme continuent à suspecter l'Église catholique de ne pas avoir changé dans le fond. Et c'est pour cela qu'ils restent très vigilants et veillent, grâce aux principes de la laïcité, à la maintenir à l'écart des affaires de l'État.

– Il faut être athée pour être respectueux des droits de l'homme ?

– Pas forcément. Tout dépend de chacun. Le respect des droits de l'homme n'est pas fonction de la foi que l'on a ou non en Dieu. Chacun décide en son âme et conscience. Nombre de catholiques se sont ainsi opposés au régime de Vichy et aux lois anti-juives, comme monseigneur Saliège à Toulouse ou l'archevêque de Lyon. De fait, on peut être croyant et respecter les droits de l'homme… ou pas. On peut être athée et respecter les droits de l'homme… ou pas. Ce sont les systèmes, les idéologies religieuses qui, lorsqu'ils se radicalisent, peuvent nuire à l'épanouissement de l'individu.

– Et la laïcité aide au respect des droits de l'homme ?

– La laïcité peut y aider. En France, on considère que la laïcité aide à l'émancipation des femmes. Avec elle, les femmes peuvent faire leur choix plus librement, comme celui de ne pas porter le voile par soumission aux hommes.

– Et si elles veulent le porter, c'est leur droit, non ? Pourquoi penser tout de suite qu'elles sont soumises ?

– Tu as raison. Les femmes qui le souhaitent peuvent porter le voile, ou la croix d'ailleurs, mais chez elles ou dans la rue. La laïcité dit simplement que ces signes extérieurs ne doivent pas être portés dans les administrations publiques comme à l'école.

– Je trouve que c'est une atteinte à leur liberté ! Et aux droits de l'homme !

– Eh bien, toi alors ! Bon, de toute façon, tu n'es pas le seul à émettre cette critique. Un certain nombre de croyants, des catholiques, des juifs et aussi des musulmans, ont beaucoup critiqué la France lorsqu'elle a voté la loi sur les signes religieux en 2004. Les musulmans ont dit, par exemple, que les gens ont le droit de croire en Dieu, de le montrer, sans être nécessairement aliénés ou extrémistes. Et qu'en interdisant le port du voile à l'école, la France violait la liberté religieuse et la liberté de conscience.

– Qui dit ça ?

– Il y a quelques mois, par exemple, à Genève où la France était soumise à l'examen périodique universel, une procédure qui nous oblige à expliquer la situation des droits de l'homme chez nous. À cette occasion, beaucoup de pays musulmans sont intervenus pour nous critiquer, en disant qu'à travers la loi de 2004 nous ne respections pas les droits des croyants.

– *J'aimerais bien savoir ce que tu leur as répondu.*

– Je leur ai dit que la loi de 2004 était une manière d'appliquer le principe de laïcité, auquel notre pays tient beaucoup. Je leur ai dit que la laïcité n'interdisait ni de croire en Dieu ni de porter des signes religieux. La liberté de conscience et la liberté religieuse sont donc respectées en France. Simplement, ces signes religieux peuvent être portés à la maison ou dans la rue, mais pas à l'école.

– *Moi, cela ne me gênerait pas que, dans ma classe, Nadia porte son voile et que Jean porte sa croix !*

– Et ton copain sikh… Comment il s'appelle déjà ?

– *Harcharan.*

– Ça ne te gênerait pas qu'il porte un couteau ?

– *Un couteau ?*

– Oui, chez les sikhs, c'est un signe religieux.

– *Ce serait dangereux !*

– Donc, on est d'accord…

– *Pour le couteau, oui ! Mais pour Nadia et Jean, que je sache, un voile et une croix ne sont pas dangereux !*

– À qui le dis-tu ! Mais il y en a qui pensent

qu'un voile et une croix, c'est dangereux. Surtout en France…

– *Pourquoi ? Ce sont des menaces ? Contre quoi ? Contre qui ?*

– Ils se demandent comment feraient les profs avec tous ces élèves arborant leurs signes : seraient-ils obligés de faire attention à tout ce qu'ils disent, voire d'adapter les cours en fonction des sensibilités religieuses des uns et des autres ? Bref, on ne s'en sortirait pas.

– *Tu as raison.*

– Attends, je n'ai pas fini.

– *Quoi encore ?*

– Il y a un autre problème. Nadia, par exemple. Si, par hasard, elle avait une pratique radicale de sa religion, il serait possible qu'elle dise qu'elle ne veut pas aller au cours de natation avec les garçons.

– *C'est interdit dans sa religion ?*

– Il n'est pas exclu que sa famille interprète les choses de cette manière. C'est déjà arrivé, tu sais ! Tiens, pas plus tard que cette année, des femmes ont demandé à ce que des horaires de piscine leur soient réservés, pour leur permettre de nager entre femmes. Lors d'un tournoi de basket féminin, des femmes ont demandé à ce que des hommes n'assistent pas à la rencontre dans le public.

– *Elles sont pudiques !*

– Moi aussi je suis pudique, mon cher. Mais le problème, c'est que la laïcité, c'est aussi la mixité. Les hommes et les femmes doivent pouvoir être ensemble, dans la rue, dans une piscine ou sur un terrain de basket !

– Mais je croyais que la laïcité réglait seulement les problèmes liés à la religion ?

– Oui, mais qu'est-ce qui te dit que ce n'est pas pour des raisons religieuses qu'elles ont demandé à être seules ?

– Et toi, qu'est-ce qui te dit que c'est pour des raisons religieuses ? Parce qu'elles sont musulmanes ?

– Elles seraient catholiques ou juives, je te dirais la même chose.

– Il se trouve que tes histoires concernent toutes des musulmanes !

– Écoute. Que ce soit pour des raisons religieuses ou par pudeur, le résultat est le même : on sépare les hommes et les femmes. Et, en France, on ne sépare pas les gens pour ça ! Ça s'appelle la mixité. La France a fait ce choix en 1905. C'est un choix historique qui explique que la société française est ce qu'elle est.

– Et si on n'est pas d'accord ? On va habiter ailleurs ? Dans un pays qui autorise ces choses ?

– Certains te diront ça. Mais je crois qu'on peut trouver des solutions moins radicales.

– Aller devant le juge ?

– Par exemple. C'est déjà arrivé. En 1989.

Mais la solution qui consiste à se retrouver devant un tribunal ne me satisfait pas non plus. Je crois qu'il vaut mieux dialoguer et faire preuve de pédagogie.

– Je note quand même que toutes ces histoires de musulmans semblent poser problème…

– Je ne sais pas si l'on y prête davantage attention parce que ces cas sont de plus en plus nombreux ou si c'est parce qu'on en parle plus. C'est à voir… Mais je te répète que ce n'est pas propre à l'islam. On a connu les mêmes problèmes avant avec les catholiques.

– Il n'y a plus de problèmes avec les catholiques ?

– Moins. La laïcité a, si je puis dire, gagné le combat contre l'Église et s'est imposée en France, amenant l'Église catholique à renoncer à ses prétentions.

– Et l'islam ? Pourquoi on n'a pas réussi à faire la même chose ?

– Cela finira par venir ! Les musulmans sont arrivés plus récemment en France, en tout cas dans leur nombre actuel. C'est la raison pour laquelle on construit des mosquées afin de leur permettre de pratiquer leur religion décemment. Tu vois, la France laïque n'interdit pas les religions ! Elle les respecte toutes, islam compris !

– Et l'islam, il respecte les droits de l'homme, lui ?

– L'islam, le catholicisme, le judaïsme, le bouddhisme… On pourrait se poser la question pour chacune de ces religions !

– Je te la pose pour l'islam !

– Les religions peuvent respecter les droits de l'homme à partir du moment où elles admettent l'autonomie individuelle et n'ont pas la prétention, par idéologie, de vouloir tout régenter.

– C'est le cas de l'islam ?

– Si je voulais être simpliste, je pourrais te répondre oui… ou non. Mais ma conviction personnelle est qu'il faut rendre à Dieu ce qui est à Dieu et à César ce qui est à César, comme l'a dit Jésus selon les Évangiles ! Les hommes peuvent faire dire aux religions ce qu'ils veulent, en fonction de leurs interprétations.

– Et toi, comment tu interprètes ?

– J'ai une conception tolérante de la religion. Je pense que si l'on est croyant et que l'on veut respecter les droits de l'homme, on peut y arriver, car le message divin, si je puis m'exprimer en ces termes, en invitant les hommes à la tolérance et à la paix, quel que soit le Livre par lequel il est transmis, offre suffisamment de souplesse pour que les droits de l'homme y aient leur place. Tout est question d'approche personnelle, de la nature du rapport personnel à Dieu.

– *Ceux qui ont détruit les tours le 11 Septembre, ils avaient aussi une approche personnelle ?*

– Très personnelle ! Les observateurs occidentaux modérés disent que ce sont les islamistes, les extrémistes qui sont les ennemis des droits de l'homme. Parce que les islamistes portent un projet politique qui consiste, par le *djihad*, à convertir les mécréants même lorsqu'ils n'habitent pas dans les pays musulmans. Une sorte de croisade, comme l'ont fait les chrétiens avant ! Les autres pensent que c'est carrément l'islam qui est incompatible avec les droits de l'homme. Dans tous les cas, à l'exception de ceux qui défendent un islam éclairé (qu'ils qualifieront d'islam tout court), ces observateurs ont peu ou prou peur de l'islam. Ils pensent que les musulmans ne veulent pas – ou ne peuvent pas – respecter les droits de l'homme parce qu'ils refusent l'égalité hommes-femmes, qu'ils n'acceptent pas la critique religieuse, la diffamation, finalement, et donc la liberté d'expression. Et plein d'interdits de ce genre qui empêchent l'homme et surtout la femme d'être libres…

– *Et toi, qu'est-ce que tu penses ?*

– Je pense qu'avant de juger, il faut d'abord savoir, lire les sources, s'informer, entendre des avis divers. Car on craint avant tout ce que l'on ne connaît pas. Après cela, on peut porter un jugement. Et, comme tout le monde, tu sais bien que je viens d'une culture musulmane.

– *Donc, tu n'es pas libre !*

– Il n'y a pas plus libre que moi.

– *Alors pourquoi dit-on que les femmes musulmanes ne sont pas libres ?*

– Il ne faut pas généraliser. On peut croire en Dieu, être musulmane et ne pas être opprimée quand on est une femme. Ou ne pas être un terroriste quand on est un homme.

– *On peut donc être musulman et être favorable à l'égalité hommes-femmes ?*

– Oui. Comme l'Égyptien Kacem Amin, qui plaidait pour l'émancipation de la femme dès 1897, en écrivant : « C'est quand même étonnant ! Pourquoi ne demande-t-on pas aux hommes de porter le voile ou de dérober leur visage aux regards des femmes s'ils craignent tant de les séduire ? La volonté masculine serait-elle inférieure à celle des femmes ? » Il y a aussi Hoda Chaaraoui qui a lancé son combat en Égypte, dans les années 1920, à une époque où les suffragettes britanniques ou françaises n'avaient pas encore obtenu gain de cause. Et tant d'autres ! Je t'ai dit tout à l'heure que je considère les droits des femmes comme ma priorité. Cela concerne aussi les femmes musulmanes. Que ce soit en Algérie, au Maroc, en Tunisie, en Indonésie, dans les territoires palestiniens, dans chacun des pays musulmans où je me suis rendue, j'ai tenu à rencontrer les associations de femmes pour comprendre leur situation. Il faut mener le débat avec les bons interlocuteurs. Non pas avec, d'un côté, les ambassadeurs de l'Union européenne et, de l'autre, ceux des pays de l'Organisation de la Conférence islamique, qui réunit les États musulmans, mais avec ces femmes : elles ont beaucoup de choses à dire sur la manière de concilier convictions religieuses et droits.

– *On peut être musulman et accepter que quelqu'un change de religion ?*

– Oui. J'ai défendu cette année une jeune éducatrice algérienne, Habiba Kouider. Au nom de la liberté de conscience qui figure à l'article 18 de la Déclaration universelle des droits de l'homme et… peut-être de l'hospitalité algérienne.

– *Qu'est-ce qu'elle avait fait ?*

– Elle s'était convertie au christianisme et avait été traduite en justice. J'avais trouvé sa situation triste et choquante. Cela a déplu à certains, mais je sais que l'immense majorité des Algériens a apprécié.

– *Qu'est-ce que tu en sais ?*

– Des gens comme Ali Dilem me l'ont dit.

– *C'est qui ?*

– Un dessinateur algérien qui fait des dessins

très drôles, mais qui ne plaisent pas toujours aux autorités de son pays.

– *Tu accepterais aussi qu'on critique l'islam ?*

– Oui. Surtout si on peut aussi critiquer les autres religions ! Et qu'on n'insulte pas...

– *Même si l'islam l'interdit ?*

– L'islam ou l'islamisme ?

– *Il y a une différence ?*

– Oui. L'islamisme est une lecture et une pratique radicales de l'islam. Mais ta question a du sens car certains disent que l'islam et l'islamisme se confondent. Bref, que l'islam est un radicalisme en soi. Moi, je ne crois pas qu'il faille mélanger les deux. On peut être musulman sans avoir un couteau entre les dents, sans vouloir convertir tout le monde et sans s'engager dans la guerre sainte ! Un musulman croit en Dieu, et s'il souhaite obéir aux préceptes du Coran, pratiquer sa religion chez lui ou à la mosquée, c'est une affaire personnelle et non pas politique ! En tout cas, ça devrait marcher comme ça.

– *Mais pourtant je t'ai vue plusieurs fois avec des femmes menacées par des musulmans. Elles disaient que le problème, ce n'était pas seulement l'islamisme mais l'islam tout court.*

– Oui, c'était la Bangladaise Taslima Nasreen et la Néerlandaise d'origine somalienne Ayaan Hirsi Ali. J'ai beaucoup soutenu ces femmes.

Elles sont depuis plusieurs années menacées d'une *fatwa*.

– *C'est quoi, une* fatwa *?*

– Une condamnation religieuse à mort.

– *Tu les as soutenues parce que tu étais d'accord avec elles ?*

– Non. Ce que je pense de ce qu'elles ont dit ne regarde que moi. Mais j'ai une conviction, c'est que, quoi qu'elles aient dit, elles ne doivent pas être tuées pour ça. Au nom de la liberté d'expression. Et de la vie tout court.

– *Tu considères que la liberté d'expression est plus importante que la religion ?*

– Je crois surtout qu'il faut ramener le débat au niveau juridique, et non politique. Suggérer qu'il y a un grand conflit entre liberté religieuse et liberté d'expression est un faux débat. La question est : quelles sont les limites raisonnables à la liberté d'expression dans une société libre et démocratique ? On peut caricaturer, critiquer, mais pas insulter. Et si l'on se sent blessé par la critique, ce n'est pas une raison pour couper la tête de ces femmes. La justice doit être rendue par les tribunaux ou, si l'on est croyant, par Dieu. Mais on n'a pas le droit de se faire justice soi-même en tuant.

– *On peut se retrouver devant un tribunal pour avoir critiqué les religions ?*

– Oui. C'est déjà arrivé.

– *À qui ?*

– Récemment au journal satirique français *Charlie Hebdo*. Il avait publié trois dessins représentant le prophète Mahomet comme un intégriste terroriste. En fait, il s'agissait, en partie, de la reproduction de dessins publiés au Danemark en 2006. Cet événement avait provoqué des troubles dans le monde entier. Des journalistes ont été menacés par des musulmans choqués par l'amalgame musulmans-terroristes et par la représentation qui était faite du prophète Mahomet. Des organisations musulmanes ont porté plainte.

– *Le journal a été condamné ?*

– Non.

– *Pourquoi ?*

– Les juges ont dit que, dans une société laïque et pluraliste, le respect de toutes les croyances va de pair avec la liberté de critiquer les religions, quelles qu'elles soient, tout en rappelant que le blasphème n'est plus réprimé en France.

– *Certains musulmans se sont sentis blessés pourtant ?*

– Les juges ont tenu compte de cette blessure, en disant que l'un des croquis, représentant le Prophète coiffé d'une bombe, était de nature à outrager les croyants dans la mesure où il les assimile, sans distinction ni nuance, à des fidèles d'un enseignement de la terreur. Mais les juges ont considéré que ce dessin, si choquant soit-il, devait être apprécié dans le contexte de l'époque, marqué par des manifestations violentes, *Charlie Hebdo* ayant clairement revendiqué un acte de résistance face aux menaces.

– *Est-ce que tu penses qu'on peut obliger un pays, une culture à reconnaître les droits de l'homme ?*

– On peut commencer par les inciter à le faire.

– *Comment ?*

– Oh, il existe une bonne série de mécanismes internationaux. La procédure la plus légère est la demande d'informations. L'examen périodique universel devant le Conseil onusien des droits de l'homme est également un moyen de les amener à s'expliquer sur l'application des droits de l'homme dans leur pays. Régulièrement, on les incite également à recevoir les rapporteurs de l'ONU ou du Conseil de l'Europe.

– *Et nous, on est contrôlés aussi ?*

– Bien sûr ! J'ai moi-même été auditionnée par ces rapporteurs. Je t'avoue que j'ai trouvé ces auditions un peu désagréables... Il n'est jamais facile d'entendre des étrangers critiquer son pays, comme cette rapporteur de l'ONU qui, après avoir visité les villes de la banlieue parisienne, a dit dans son rapport que la France ressemblait, à bien des égards, à un pays d'apartheid.

– *Toi aussi tu critiques les autres pays, quand tu vas les voir pour leur parler de leurs droits de l'homme ?*

– Oui, je sais ! Alors, je finis par me dire qu'il est important que nous balayions aussi devant notre porte, et qu'en montrant notre bonne disposition à ces enquêtes, notre message sera mieux reçu par les autres nations. De ce point de vue, j'aurais voulu qu'un pays comme la Russie, puisqu'elle est membre du Conseil de l'Europe, accepte les enquêtes de cette organisation sur la situation en Tchétchénie.

– *Est-ce que cela veut dire que ces enquêtes ne marchent pas ?*

– Pas partout ! Du coup, quand une crise finit par se déclarer, on en est réduit à faire appel sur place aux organisations internationales comme le haut-commissariat aux réfugiés ou le programme alimentaire mondial. Il y a aussi des moyens plus coercitifs comme l'embargo ou les sanctions financières à l'encontre du régime qui viole les droits de l'homme : c'est le cas en ce moment vis-à-vis des autorités birmanes dont les avoirs dans les banques européennes ont été gelés par l'Union européenne.

– *Mais ces pays sont déjà pauvres !*

– C'est vrai. D'ailleurs, c'est ce que disent certains pays européens qui craignent que ces mesures n'affectent, en fait, la population. Alors que les généraux birmans, eux, se protègent en se tournant vers des banques non européennes.

– Ces moyens qui ne marchent pas, c'est inquiétant quand même…

– Il existe des moyens plus radicaux quand l'ONU décide, en application des chapitres VI et VII de la Charte, qu'une violation massive des droits de l'homme justifie une intervention internationale. Le chapitre VI permet à l'ONU de régler pacifiquement des conflits en dépêchant, par exemple, des envoyés spéciaux dans les pays, comme Ibrahim Gambari dans la crise birmane de 2007, ou des missions politiques, comme la Mission d'assistance des Nations unies en Afghanistan.

– Et le chapitre VII ?

– Il prévoit des mesures plus coercitives : de l'embargo à l'emploi de la force armée comme ce fut le cas en Corée en 1950, dans le conflit Irak-Koweït en 1991 et en Bosnie en 1993. Mais, dans les faits, c'est très rare parce que l'ONU peut être empêchée d'agir quand un des cinq membres permanents du Conseil de sécurité menace d'utiliser son droit de veto, comme en 1999 au sujet du Kosovo et en 2003 à propos de l'Irak. Certaines ONG ont alors invoqué le droit, voire le devoir d'ingérence.

– *C'est quoi ?*

– Le *droit d'ingérence humanitaire* est une intervention, sans qu'on y soit invité, dans des affaires qui relèvent de la souveraineté nationale d'un État, en cas de violation massive des droits de l'homme. C'est une forme d'assistance à peuple en danger. Le *devoir d'ingérence*, quant à lui, est conçu comme plus contraignant. Il désigne l'obligation morale faite à la communauté internationale de protéger ou de porter secours à la population d'un État en cas de violences de masse. Ce concept a été reconnu en 2005 par la communauté internationale, sous le nom de « responsabilité de protéger ».

– *On l'a déjà utilisé ?*

– Oui. En réalité, dès le XIXe siècle, de grandes puissances sont intervenues, notamment dans l'Empire ottoman, pour protéger les minorités religieuses. L'idée est réapparue pendant la guerre du Biafra entre 1967 et 1970 pour dénoncer l'immobilisme des États face à la famine au Nigeria. C'est en se fondant sur cette idée que se sont créées plusieurs ONG, dont Médecins sans frontières, et qu'est apparue la saga des *French doctors* comme Bernard Kouchner. Mais le mot a été utilisé pour la première fois par le philosophe français Jean-François Revel en 1979 à propos des dictatures centrafricaine de Jean-Bedel Bokassa et ougandaise d'Idi Amin Dada. Avec l'ingérence, c'est la morale qui est consacrée dans les relations internationales, celle de l'extrême urgence.

– *Enfin quelque chose qui marche !*

– Je vais te décevoir, mais de nombreux juristes ont dénoncé le droit d'ingérence à cause de ses contours flous. Du coup, même si l'ONU l'a précisé à travers deux résolutions – l'une en 1988 instituant une « assistance humanitaire aux victimes de catastrophes naturelles et de situations d'urgence du même ordre », l'autre en 1990 prévoyant, quant à elle, la mise en place de « couloirs humanitaires » –, elle a tenu dans le même temps à réaffirmer le principe classique de souveraineté des États, sous la pression des pays les plus pauvres qui, réunis lors du sommet de La Havane en 2000, ont rejeté le « droit d'intervention humanitaire » incompatible, selon eux, avec la Charte des Nations unies.

– *En fait, le principe de souveraineté protège les États faibles contre les puissants ?*

– En un sens, oui. Le débat est très vif sur ce point et il est loin d'être tranché ! En effet, le principe de non-intervention a été gagné au prix d'une longue lutte menée par les États désireux de mettre un terme à l'impérialisme des pays occidentaux, qui, eux aussi, avaient pris prétexte de l'humanité civilisatrice pour mener leurs conquêtes territoriales. Et puis, les premiers craignent que l'ingérence humanitaire ne soit la porte ouverte à d'autres types d'ingérences, plus politiques et plus économiques, à travers lesquelles des États puissants chercheraient à contrôler un pays pour s'accaparer ses richesses.

– C'est pour ça qu'un jour, à l'Assemblée nationale, tu as dit que l'Afrique de papa, c'est fini !

– Oui. C'était à propos de l'affaire Arche de Zoé. L'opposition m'avait interpellée, en me demandant pourquoi je n'allais pas chercher les membres de cette association qui s'étaient retrouvés en prison au Tchad après avoir tenté de ramener clandestinement des enfants en France.

– Oui, c'est vrai, ça !

– J'y travaillais bien évidemment, mais avec doigté. L'opposition, elle, voulait en quelque sorte faire de l'ingérence judiciaire, comme au bon vieux temps, alors que la justice tchadienne n'avait pas encore jugé les prévenus.

– Je comprends. C'est comme si des Tchadiens, ayant cherché à enlever des enfants français, avaient été emprisonnés en France et que leur pays demandait qu'ils soient jugés au Tchad !

– En effet ! J'avais trouvé cette réaction étrange de la part de défenseurs du tiers-monde ! Alors, oui, j'avais trouvé cette ingérence insupportable.

– Tu es donc contre le droit d'ingérence ?

– Pas du tout ! C'est une idée généreuse, essentielle, qui découle directement de cette universalité que je t'expliquais tout à l'heure. Quand on voit ce qui se passe dans certaines régions du monde, comme les répressions violentes de la minorité kurde en Irak en 1988, celle de la place Tienanmen en 1989 en Chine, les massacres au Rwanda en 1994 ou encore ceux de Srebrenica en 1995, on ne peut pas laisser les gens mourir. Surtout si l'ONU tarde à agir parce qu'elle n'a pas réussi à se mettre d'accord, comme dans le cas du Darfour ou de la Géorgie où la Russie a empêché, par son droit de veto, une action de l'ONU. Donc, non, je ne suis pas opposée au droit d'ingérence. Mais l'affaire Arche de Zoé, dont j'ai eu à m'occuper l'année dernière, me fait dire qu'il faut voir dans quelles conditions ces actions sont menées.

– Pourquoi l'Arche de Zoé a-t-elle voulu enlever ces enfants ?

– Ils ont estimé que les crimes commis au Darfour étaient devenus insupportables. Qu'il fallait remédier à l'inefficacité de la communauté internationale. Ils avaient décidé de sauver les orphelins victimes de la guerre, sans tenir compte des avertissements de l'État.

– *Mais ils ne faisaient que du droit d'ingérence ! Comme au Biafra !*

– C'est ce qu'ils ont dit. Ne pas laisser les gens mourir… Sauf que les enfants qu'ils voulaient sauver n'étaient pas originaires du Darfour, mais du Tchad. Qu'ils n'étaient pas en train en mourir. Qu'ils n'étaient ni blessés, ni orphelins. Et que l'action de l'Arche de Zoé était illégale.

– *En quoi ?*

– Parce que c'est interdit par la Convention de La Haye sur la protection de l'enfance. Cette convention interdit de sortir des enfants de leur pays même si celui-ci est pauvre. Le Tchad est peut-être un pays pauvre mais il a des droits ! On ne pouvait pas venir prendre ses enfants comme ça, sans prévenir, alors que ceux-ci n'étaient pas victimes de guerre et qu'ils avaient des parents. Alors, le droit d'ingérence, oui, mais pas par n'importe qui, pas n'importe comment, pas en cachette. Je me suis demandé si les membres de cette association ne cherchaient pas, au fond, à donner d'eux-mêmes une bonne image plutôt qu'à réellement sauver des enfants en danger.

– Parce qu'il n'y a que des pays puissants qui pratiquent le droit d'ingérence ?

– Théoriquement, non. Mais, dans les faits, je n'ai pas encore vu de contingents africains en mission de maintien de la paix en Irlande du Nord, ou des Libanais intervenir au Pays basque. Certains parlent d'un système de « deux poids, deux mesures ».

– C'est quoi ?

– C'est être fort avec les faibles et faible avec les forts. Rappelle-toi Jean de La Fontaine !

– Selon que vous serez puissants ou misérables…

– Tu as tout compris.

– Peut-être aussi qu'il y a moins d'ingérence dans ces pays parce que ce sont des démocraties ?

– Je suis d'accord : que les droits de l'homme sont mieux respectés dans les démocraties. Malgré tout, je suis régulièrement saisie par des ONG sur leurs manquements, notamment à propos des États-Unis.

– Comment cela ? Les États-Unis ne respectent pas les droits de l'homme ?

– Tu sais, aucun pays n'a atteint un degré de perfection tel qu'il peut dire qu'il respecte les droits de l'homme à 100 %. Mais le reproche qui est fait aux États-Unis s'est intensifié après le 11 septembre 2001.

– Après les attentats !

– Oui. Les États-Unis ont augmenté les pouvoirs de la police – les gardes à vue, les perquisitions, les fouilles, la surveillance –, créé des prisons secrètes et installé un centre de rétention à Guantanamo pour interroger des présumés terroristes, pendant une durée indéfinie et sans recours judiciaire. Ces nouvelles règles sont considérées comme attentatoires aux libertés.

– Mais il y a eu les attentats ! Il faut bien que les Américains se protègent !

– Oui. Les Américains ont été, à juste titre, bouleversés par ces attaques. Ils en sont venus à considérer que la sécurité était la première des libertés, le premier des droits de l'homme, ce qui est vrai, mais au détriment des autres.

– Ce sont des mesures de police !

– En effet, les mesures de police ne sont pas une violation des droits de l'homme. Elles servent au maintien de l'ordre public. Elles sont justifiées par l'article 4 de la Déclaration des droits de l'homme, selon lequel « la liberté consiste à pouvoir faire tout ce qui ne nuit pas à autrui », ce qui permet de limiter les libertés, surtout en cas de menaces extérieures. Mais, même dans ces cas-là, certains droits doivent rester intangibles : le droit à la vie, l'interdiction de l'esclavage ou de la torture, la non-rétroactivité de la loi pénale.

– *Et, là, ces droits n'ont pas été respectés ?*

– Cela ne me choque pas qu'on dise que la sécurité est la première des libertés, dans un contexte de tension et de lutte contre le terrorisme. Le problème, c'est qu'on a toléré un niveau de secret inouï, à des fins de sécurité de l'État, et donc du même coup une érosion importante des droits de l'homme ces dernières années.

– Et les gens n'ont rien dit ?

– L'opinion américaine a commencé à réagir : la récente décision de la Cour suprême des États-Unis reconnaissant le droit des prisonniers de Guantanamo à se défendre devant la justice fédérale montre que, dans ce pays, le pouvoir judiciaire a commencé à regagner du terrain sur les tribunaux d'exception et à mieux garantir les libertés fondamentales.

– *Comment on en est arrivés là, dans nos démocraties ?*

– Il ne faut jamais oublier que l'État de police se profile toujours à l'horizon de l'État de droit. Les pays du Nord, si riches, si développés, ont atteint un niveau assez satisfaisant dans le respect des droits de l'homme. Mais, dans le même temps, ils développent le syndrome de la forteresse assiégée qui les pousse à se protéger contre les périls venus du Sud.

– *Comme quoi ?*

– Les flux migratoires, les épidémies, le terrorisme. Car les pays du Nord, principaux bénéficiaires de la mondialisation, font tout aujourd'hui pour se prémunir de ses effets déstabilisateurs. D'où les mesures de sécurité. Ce qui s'est passé après le 11 Septembre, c'est qu'au lieu de poser la question : « Dans quelle mesure es-tu prêt à sacrifier un peu de ta liberté pour être plus en sécurité ? », on a préféré celle-ci : « Dans quelle mesure es-tu prêt à sacrifier un peu plus de la liberté des autres pour être plus en sécurité ? » C'est une nouvelle approche…

– Devant le terrorisme, les gens qui ont peur, les avions qui explosent dans les tours, on ne pouvait peut-être pas faire autrement ?

– Il y a une solution qui permettrait d'aider au respect des droits de l'homme dans les États. On n'en parle pas beaucoup, mais j'y crois énormément : ce sont les tribunaux internationaux.

– La CEDH ?

– La CEDH est une cour européenne. L'ambition des tribunaux internationaux est plus grande encore !

– Ils peuvent punir les violations des droits de l'homme partout…

– Oui. Surtout les plus graves. Ils sont inspirés des tribunaux de Nuremberg qui, après le génocide des Juifs, en 1945, avaient pour mission de punir les crimes contre l'humanité, les génocides, les crimes de masse. C'est le cas par exemple des crimes commis en ex-Yougoslavie, au Sierra Leone, au Cambodge et au Rwanda.

– *Il n'y a qu'un seul tribunal pour les juger tous ?*

– Maintenant oui. C'est la Cour pénale internationale (CPI). Elle a été créée par la Convention de Rome en 1998. Elle est opérationnelle depuis 2003.

– *Mais certains des crimes dont tu parles ont eu lieu avant !*

– Je sais. Pour ces crimes-là, on avait mis en place des tribunaux spéciaux, que l'on appelle les tribunaux *ad hoc* : par exemple, le tribunal international de La Haye pour l'ex-Yougoslavie, celui d'Arusha pour le Rwanda en 1994. Ces tribunaux doivent poursuivre, inculper puis juger tous les individus, même les chefs d'État, ayant participé à des crimes massifs de guerre, à des crimes contre l'humanité ou à des génocides.

– *La Haye, Arusha... Pourquoi on ne juge pas ces gens dans leur pays ?*

– Bien sûr que cela aurait été préférable ! Quand j'ai rencontré les victimes de la guerre en République démocratique du Congo, quelques jours après le transfert à la CPI d'un ancien leader de l'opposition congolaise, Jean-Pierre Bemba, elles m'ont posé la question, et m'ont dit que La Haye était trop loin pour qu'elles se sentent concernées. Mais il n'est pas certain qu'un procès au Congo aurait été possible, car ces pays qui sortent de guerre n'ont pas toujours un système judiciaire digne de ce nom. On ne veut pas non plus que, sur place, il y ait des pressions contre les juges. Il n'y a qu'un tribunal international qui a été installé dans le pays où les crimes se sont produits : c'est celui du Cambodge, chargé de juger les crimes des Khmers rouges. Et encore ! C'est un tribunal mixte avec des juges internationaux, mais aussi nationaux. Je l'ai visité.

– Ils font du bon travail, ces tribunaux spéciaux ?

– Je pense que oui, même si c'est difficile. Le tribunal pour l'ex-Yougoslavie a mis en accusation cent soixante et une personnes, parmi lesquelles cent quinze ont vu la procédure les concernant achevée avec cinquante-six condamnations, dix acquittements, treize renvoyés devant une juridiction nationale. Le tribunal d'Arusha pour le Rwanda a prononcé une trentaine de condamnations et une cinquantaine de procédures sont en cours. Mais le processus est long…

– Les États laissent faire cette fois ?

– Justement, si c'est long c'est parce que ces Cours dépendent des États pour l'arrestation des criminels. C'est le gouvernement serbe qui a, par exemple, procédé à l'arrestation de Radovan Karadzic en 2008. Bien des années après le mandat d'arrêt…

– *Alors, qu'ajoute la CPI ?*

– Beaucoup de choses ! Elle n'a pas été créée pour juger les crimes d'un seul pays. Elle a une compétence universelle dans la mesure où ces crimes, par leur ampleur et leur nature, concernent l'humanité entière et qu'à défaut de répression internationale, ils risquent de rester impunis.

– *Cette Cour peut juger n'importe qui, alors ?*

– Elle peut juger toute personne sans exception ayant commis un crime dans un État signataire de la convention de Rome ou se trouvant dans cet État, même si le forfait a été commis ailleurs. Si la Cour est incompétente, le Conseil de sécurité peut la saisir à condition qu'un de ses membres n'oppose pas son veto. Son champ d'action a été élargi au crime d'agression et au viol, désormais considéré comme un crime contre l'humanité.

– *Elle a déjà arrêté des gens ?*

– Oui. Il y a eu quatre arrestations depuis 2006 : Thomas Lubanga Dyilo, arrêté en mars 2006 pour avoir recruté des enfants-soldats en République démocratique du Congo ; Germain Katanga et Mathieu Chhui, arrêtés respectivement en octobre 2007 et février 2008 pour crimes contre l'humanité, à la suite du massacre du village de Bogoro. C'est aussi sur la base de crimes de guerre et crimes contre l'humanité, dont le viol, que le procureur, Luis Moreno-Ocampo, m'a annoncé, alors que je participais à La Haye aux dix ans de la CPI, que le Congolais Jean-Pierre Bemba serait transféré de Bruxelles à La Haye. Il a été arrêté en juillet 2008 pour avoir aidé des rebelles centrafricains qui ont commis des atrocités.

– *Quatre, ça ne fait pas beaucoup !*

– Certains ont fait l'objet d'un mandat d'arrêt récent. Mais ils sont en fuite, comme Bosco Ntaganda pour une affaire d'enfants-soldats en République démocratique du Congo, ainsi que l'Ougandais Joseph Kony et trois de ses comparses de l'Armée de résistance du Seigneur, poursuivis pour crimes contre l'humanité et crimes de guerre. D'autres n'ont pas encore été arrêtés, car ils sont protégés par les autorités de leur pays, comme Ahmad Haroun et Ali Kushayb, poursuivis pour crimes de guerre et crimes contre l'humanité au Darfour, mais que le gouvernement soudanais, qui refuse de coopérer avec la CPI, ne veut pas livrer.

– *Ce sont tous des Africains…*

– Je n'avais pas prêté attention à cela… C'est un réel problème que tu soulèves. D'autant plus que le dernier dans la ligne de mire de la CPI est encore un Africain, le chef d'État soudanais Omar El-Béchir contre lequel un mandat d'arrêt a été requis en juillet 2008 pour les crimes commis au Darfour. Je ne voudrais pas qu'à force, on dise que la CPI est une justice de puissants !

– *Comme disent certains pays…*

– C'est ça ! D'autant plus que de grands États ne reconnaissent pas la CPI comme les États-Unis, Israël et la Russie.

– *Parce qu'ils refusent le « deux poids, deux mesures » ?*

– Ils sont très réticents à l'idée que leurs soldats soient jugés, à cause d'opérations militaires dans lesquelles ils sont engagés.

– *Finalement, je me demande si les droits de l'homme sont vraiment nécessaires…*

– Qu'est-ce que tu veux dire par là ? Moi, je crois profondément à la CPI. Elle lutte contre l'impunité. Elle rend justice aux victimes. Avec elle, plus personne ne pourra commettre des crimes à l'abri de ses frontières sans avoir, un jour, à en rendre compte. C'est un progrès formidable.

– *Je me dis que, plutôt que de nous battre pour*

les droits de l'homme des autres, on pourrait laisser les peuples vivre leur vie. Oui, après tout, s'ils ne veulent pas…

– Là tu deviens égoïste !

– *Mais, nous, on s'est développés avant de nous préoccuper des droits de l'homme. On s'est même développés tout en pratiquant l'esclavage, la colonisation…*

– Le fameux délai ! C'est une idée… Elle me traverse quelquefois l'esprit. On est peut-être trop exigeants avec ces pays. Alors que nous ne l'avons pas été autant avec nous-mêmes. Pendant de longs siècles !

– *Et puis, regarde la Chine. Là-bas, les gens ne peuvent pas dire ce qu'ils veulent, mais eux au moins ils ont à manger. Je ne vois pas quelle est l'utilité d'une démocratie pour des gens affamés !*

– Hmmm… Le développement, d'abord. Les droits de l'homme, on verra après ! C'est ce que tu veux dire ?

– *Oui…*

– L'idée est de plus en plus défendue aujourd'hui. C'est vrai pour la Chine, mais aussi pour le Vietnam, ce sont des régimes autoritaires à croissance forte. Il est significatif de voir que la Chine a ratifié le Pacte des droits économiques et sociaux, mais pas celui des droits politiques et civils ; et que ce soit l'inverse pour les États-Unis. Mais je crois que le débat n'est pas là. Ce n'est pas parce qu'un pays s'enrichit que les gens ont à manger. Il faudrait pour ça que les richesses ne restent pas confisquées par les dirigeants et que la population puisse en profiter.

– *Mais quand les gens n'auront plus faim, qu'ils constitueront une classe moyenne dans leur pays, ils réclameront eux-mêmes les droits de l'homme. Ça viendra tôt ou tard…*

– On peut prendre le pari. Mais il est risqué. Et puis, en attendant, on fait quoi pour les gens qui souffrent ? On leur demande de se débrouiller tout seuls ? De prendre leur mal en patience ? Et qu'est-ce qui te garantit que le temps adoucit les mœurs ? Regarde la Russie et la Chine. Plus elles se renforcent, plus elles en font la démonstration au reste du monde, notamment par leur comportement en Géorgie et au Tibet.

– *Tu vois bien que les droits de l'homme sont difficiles à mettre en place.*

– On peut avoir une lecture pessimiste. Et constater que l'adhésion presque universelle aux droits de l'homme n'est pas une garantie contre leurs atteintes, d'ailleurs plus visibles que jamais grâce à la circulation instantanée de l'information. On finit même par s'y résigner, comme à une forme de fatalité. On peut aussi penser que le respect des droits de l'homme est devenu un enjeu politique, de sorte que la dénonciation de leur violation obéit au moins autant à des intérêts politiques qu'au souci de protéger les victimes.

– *Tu vois !*

– Est-ce parce que c'est difficile qu'il ne faut rien faire ?! Il faut que tu comprennes que l'histoire des droits de l'homme n'est ni l'histoire d'une marche triomphale, ni l'histoire d'une cause perdue d'avance : elle est l'histoire d'un combat. Ils ne vivent pas de crise : ils connaissent partout et constamment une grande difficulté d'être. Même dans nos pays. Alors, non, ça ne va pas toujours, ça ne va pas partout.

– *Des siècles après 1789 !*

– Mais qu'est-ce qui te dit que la situation ne serait pas pire sans une action en faveur des droits de l'homme ? La colonisation, le racisme sont combattus. Des pays renoncent à la peine de mort. Des femmes refusent d'être mariées de force, au nom de droits dont elles prennent connaissance. Des enfants-soldats quittent, tous les jours, les casernes. Des juges internationaux arrêtent des criminels de guerre. Non, tout cela n'est pas rien.

– *Tu n'es jamais découragée ?*

– Quelquefois, si. Mais il faut bien tenir vu le nombre de fatalistes comme toi qui existent !

– *Qu'est-ce qui t'a le plus choquée ?*

– En une année, j'ai visité une soixantaine de pays. J'ai eu mal au ventre en entendant à Bukavu le récit des femmes congolaises violées comme si moi-même je l'avais été. À Goma, j'ai tenu des bébés nés de viols collectifs, essayant de deviner, sous leurs traits, le visage indéterminé de leurs pères. Je n'ai pas oublié le désarroi dans le regard des petits Haïtiens atteints de maladies incurables. Je sens encore la main de cette petite orpheline moldave qui, pendant toute la visite de l'ONG « Salvati copiii », n'a pas voulu lâcher la mienne. Je n'ai pas oublié les visages des victimes des Khmers rouges exposés au centre de torture S-21 ou les taches de sang, vingt ans après, sur le sol des cellules. Je revois en plein Jérusalem le rire amer d'Ali Dilem qui, en plaisantant, se demande, sous le seul motif qu'il est allé en terre d'Israël, quel sort lui réservera le pouvoir algérien à son retour. Et il continue à dessiner « parce qu'il en faut bien pour résister… ». Je revois l'impuissance de ces ONG, sceptiques quant à la finalité de leur action dans les bidonvilles de New Delhi.

– *C'est désespérant…*

– Pas toujours. Je n'oublie jamais qu'en libérant les malheurs du monde, Épiméthée a retenu l'espoir dans la boîte de Pandore.

Cet esprit, je l'ai senti un peu partout : la rencontre exceptionnelle avec ce géant qu'est Nelson Mandela qui, à Johannesburg, me dit qu'il faut savoir pardonner à ses bourreaux. J'ai admiré la hargne du procureur de la CPI Luis Moreno-Ocampo qui, seul contre tous, veut, judiciairement parlant, faire la peau aux génocidaires et aux violeurs. La constance pleine d'espoir du général Gueye qui dirige la Monuc (la Mission de l'ONU en République démocratique du Congo). Celle, extraordinaire, du général Agwai qui est à la tête de l'*African Mission in Sudan*, au Darfour, qui demande à ses jeunes soldats de me faire une haie d'honneur, alors que juste à côté, dressées sur un pick-up, des bandes armées passent. J'ai vu chez Taslima Nasreen et Ayaan Hirsi Ali, si différentes mais au même regard hardi, qu'un jour viendra le temps des femmes musulmanes, avec ou sans nous. J'ai été émue en écoutant ces grands-mères tunisiennes, les épaules écrasées du poids de l'histoire familiale et nationale, dire à leurs petites-filles d'enlever leur voile et de continuer leurs études. Et, à l'ONU, quelle joie de réussir à rallier aux Engagements de Paris seize nouveaux États pour en finir avec le phénomène des enfants-soldats !

– Et toi, tu as le sentiment d'avoir fait progresser les droits de l'homme ?

– Est-ce bien à moi d'en juger, au bout d'une seule année de surcroît ?

– *Mais toi, comment tu vois les choses ?*

– J'y mets toute mon énergie et toutes mes convictions, quitte à prendre des risques. Ma fonction, les droits de l'homme, a un charme que n'a aucun autre ministère, celui de la transgression.

– *Qu'est-ce qui te fait dire ça ?*

– Il m'arrive d'être obligée de faire des choses pas très diplomatiques ! Mes genoux ont tremblé mais sans plier à l'occasion d'une conférence de presse à Khartoum quand, devant mon homologue soudanais, j'ai appelé à l'arrestation d'Ahmad Haroun et Ali Kushayb, ses collègues au gouvernement. Je repense au camp de réfugiés d'El Facher que j'ai dû aller visiter dans un taxi clandestin pour déjouer l'interdiction de Khartoum. Quand je trouve le courage de convaincre l'ambassadeur de Pologne en France de nous rejoindre pour en convaincre d'autres de renoncer à la pénalisation de l'homosexualité. J'ai le sentiment de faire progresser l'histoire quand je suis la première représentante officielle du gouvernement français à participer aux cérémonies du souvenir pour les victimes rwandaises du génocide à Paris. Je me sens soulagée d'échapper à la fatalité du « deux poids, deux mesures » quand je tiens le même discours au Zimbabwe qu'à la Chine.

– Es-tu libre de dire et de faire ce que tu veux ?

– Pas toujours. Non pas qu'on m'interdise de parler, mais la diplomatie a ses raisons que je ne peux tout à fait ignorer. Ne pas vexer les États avec lesquels on a des relations diplomatiques. Ne pas rompre la solidarité gouvernementale. Accepter de faire des choses confidentielles – parce que c'est la condition de leur efficacité – même si les médias critiquent parce qu'ils n'en ont pas connaissance. Résister aussi à l'envie de le leur dire.

– Choisir entre les droits de l'homme et les intérêts de la France…

– Je ne veux pas choisir ni les opposer. Je ne veux céder ni sur les uns ni sur les autres.

– Comment ça ?

– Les valeurs font partie de l'identité, et donc des intérêts de la France ! Elles sont même l'intérêt supérieur de la France. C'est ce qui fait que nous sommes un pays semblable à nul autre. Je sers les intérêts de la France quand, après des mois de travail de persuasion auprès des autres pays, je fais réélire la France au Conseil des droits de l'homme face à de sérieux concurrents. Même à une voix près. Qu'aurait-on dit si le pays des droits de l'homme n'avait pas été réélu dans la seule enceinte onusienne défendant les droits de l'homme ?

– *Mais quand même, nos contrats commerciaux, va-t-on les sacrifier en faisant la leçon aux Chinois ?*

– Oui, chaque jour, je suis déchirée entre deux fidélités : les intérêts de la France et l'image de la France. C'est parce que toutes ces cordes tirent en même temps que mon travail est passionnant. Et il faut qu'aucune ne casse, pour ne rompre ni avec la justice par amour de la France, ni avec la France par amour de la justice. Comme disait Germaine Tillion…

– *C'est qui ?*

– Une femme admirable, une ancienne résistante, décédée en 2008 dans sa 101e année.

– *Mission impossible ?*

– Non, mais il faut se battre. Se battre pour rencontrer le Dalaï Lama à Paris, obtenir que Ayaan Hirsi Ali bénéficie de moyens de protection, rencontrer Taslima Nasreen en Inde, convaincre le Sénégal de juger Hissène Habré, aller en Birmanie sans perdre mon honneur, remettre aux autorités syriennes une liste de prisonniers politiques à libérer. Abaisser les montagnes qui séparent les hommes… La mission est belle !

– *Tu n'as pas envie de laisser tomber ?*

– Je peux douter, mais jamais déserter. Je ne veux pas que demain tu me demandes pourquoi j'ai abandonné. D'ailleurs, mon sacrifice ne servirait pas à grand-chose : le monde est rempli de héros oubliés ! Et je n'ai pas la prétention d'être une héroïne. Démissionner face à la *Realpolitik* ? Personne n'est assez naïf pour croire qu'une politique étrangère se bâtit uniquement sur des valeurs. Et même si je le voulais, je ne pourrais pas : un abandon serait perçu par le reste du monde comme celui de la France des droits de l'homme.

– Alors, continuer à servir la France des droits de l'homme...

– Tu veux la vérité, la vraie ? Dans cette histoire, ce n'est pas moi qui importe. Ni mes convictions personnelles. C'est de la France qu'il s'agit.

– La France ?

– Pour moi, la France n'est pas la France sans les droits de l'homme. Et les valeurs, c'est, avec la culture, ce qui reste quand il n'y a plus rien. La France est tombée cent fois et cent fois elle s'est relevée parce qu'il y a eu certains de ses enfants pour croire en elle. Le général de Gaulle disait qu'« un pacte vingt fois séculaire lie la grandeur de la France à la liberté du monde ».

– On est responsable des autres ?

– Qu'on s'en félicite ou qu'on le regrette, c'est ainsi. À cause de l'Histoire, de la Déclaration des droits de l'homme et du citoyen, de notre place de membre permanent au Conseil de sécurité des Nations unies. Tout cela nous donne des responsabilités. Cette cause me dépasse, comme tu vois. On peut parfois juger mes prises de position exagérées, passionnées, et pourtant il ne s'agit pas de moi, mais, bel et bien, du rang de la France dans le monde. Si l'on considère, comme moi, que ce vieux mot veut encore dire quelque chose…

– Le rang de la France ?

– Oui, sa singularité. Une certaine idée de la France. Des valeurs pour lesquelles des tas de gens se sont sacrifiés. C'est une obligation quasiment morale d'être à la hauteur de cet héritage-là. Nous avons eu, un jour, l'audace inouïe de nous proclamer pays des droits de l'homme…

– Et personne n'a oublié…

– Eh non ! Surtout pas ces hommes et ces femmes qui ne veulent pas vivre à genoux et qui demandent notre aide. Si nous abdiquons, nous risquons de nous trouver dans une situation où ce sont ces êtres isolés, venus de pays supposés étrangers à nos valeurs, qui les défendront le mieux. Les oublier, c'est oublier qui nous sommes. Il est encore temps de les sauver. Et de nous sauver nous-mêmes. Je me souviens de cette froide veille de Noël à Kaboul avec le Président. Il a demandé à un jeune soldat français pourquoi il avait accepté de s'engager en Afghanistan.

– *Qu'est-ce que le soldat a répondu ?*

– Ce soldat aux joues roses lui a répondu : « Pour l'amour de la France, monsieur le Président. » Il arrive encore d'entendre ces choses-là…

Remerciements

À l'enfant, mon interrogateur, mon double,

Aux militants des droits de l'homme, mes amis, pour leur belle intransigeance,

À l'ambassadrice Brigitte Collet, pour m'avoir appris que les droits de l'homme ne sont pas de la morale mais sont plus que du droit,

Aux membres de mon cabinet, aux diplomates du Quai d'Orsay et à Bernard Kouchner, qui font vaillamment avancer la France,

À Emmanuelle Mignon, avec qui tout a commencé,

À ma famille, pour les valeurs si patiemment transmises,

À Nicolas Sarkozy, l'ultime garant du changement, sans qui cette bataille ne peut être livrée,

★

À Jean Ferrat, qui a su chanter « Ma France » comme personne.

Dans la même série

Tahar Ben Jelloun
Le Racisme expliqué à ma fille

Régis Debray
La République expliquée à ma fille

Max Gallo
L'Amour de la France expliqué à mon fils

Sami Naïr
L'Immigration expliquée à ma fille

Jacques Duquesne
Dieu expliqué à mes petits-enfants

Jean Ziegler
La Faim dans le monde expliquée à mon fils

Lucie Aubrac
La Résistance expliquée à mes petits-enfants

Annette Wieviorka
Auschwitz expliqué à ma fille

Nicole Bacharan et Dominique Simonnet
L'Amour expliqué à nos enfants

Jacques Sémelin
La Non-violence expliquée à mes filles

Jérôme Clément
La Culture expliquée à ma fille

Roger-Pol Droit
Les Religions expliquées à ma fille

Henri Weber
La Gauche expliquée à mes filles

Jacky Mamou
L'Humanitaire expliqué à mes enfants

Jean Clottes
La Préhistoire expliquée à mes petits-enfants

Tahar Ben Jelloun
L'Islam expliqué aux enfants

Emmanuelle Huisman-Perrin
La Mort expliquée à ma fille

Patricia Lucas et Stéphane Leroy
Le Divorce expliqué à nos enfants

Roger-Pol Droit
La Philosophie expliquée à ma fille

Antoine Prost
La Grande Guerre expliquée à mon petit-fils

Michel Vovelle
La Révolution française expliquée à ma petite-fille

Bernard Sesboüé
Le Da Vinci code *expliqué à ses lecteurs*

Jacques Le Goff et Jean-Louis Schlegel
Le Moyen Âge expliqué aux enfants

Jean-Christian Petitfils
Louis XIV expliqué aux enfants

Marc Ferro
Le XXe siècle expliqué à mon petit-fils

Jacques Le Goff
L'Europe expliquée aux jeunes

Denis Guedj
Les Mathématiques expliquées à mes filles

Pauline Schmitt Pantel
Dieux et Déesses de la Grèce expliqués aux enfants

Roger-Pol Droit
L'Occident expliqué à tout le monde

Clémentine Autain
Les Machos expliqués à mon frère

RÉALISATION : PAO ÉDITIONS DU SEUIL
IMPRESSION : NORMANDIE ROTO IMPRESSION S.A.S. À LONRAI
DÉPÔT LÉGAL : OCTOBRE 2008. N° 98829 (08-3381)
IMPRIMÉ EN FRANCE